起床后的
黄金1小时

My Morning Routine

How Successful People Start Every Day Inspired

〔日〕池田千惠 ——— 著   范宏涛 ——— 译

北京日报出版社

逆转人生的黄金 1 小时

本书主要面向有以下烦恼的读者：

1. 感到时间不够用

- 无法顺利早起、坚持早起，或者早起后没有精神。

- 即使早起，也没法按节点推进自己想做的工作。

- 想做的事很多，但由于工作太忙而抽不出时间。

- 想要减少加班频率，在规定时间内完成工作计划。

- 工作时间太长，看不到未来的光明前景。

2. 对职业和未来发展感到迷茫

- 专注于眼前的工作，但工作中觉得学不到什么专业知识，也感受不到快乐，今后不知如何是好。

- 一会儿想做这个，一会儿想做那个，总是想四处出击而不能在当前岗位上坚持。

- 随着工龄的增长，工作的担子越来越重，觉得一辈子都在为工作而活着。

大家好，我是"早起计划"的发起人池田千惠。

现在，我除了通过咨询、研修和演讲等方式对企业员工的工作方式、业务活动提供指导外，还经营"早上职业"这一机构，意在帮助那些对今后发展深感迷茫的人，也就是让早起改变他们的人生轨迹，帮助他们确定人生的职业方向。

我已经坚持早起 26 年，对"早起活动"研究了 11 年，深知"时间不够用"或"看不到职业发展和未来的前景"这样的烦恼可以用早上的时间，具体来说就是每天起床后的 1 小时就可以解决。然而，很多人感到早起很痛苦，还没有做好"早上 1 小时"的准备。那么，本书将针对如何才能早起、早起的时间应该做什么进行具体介绍。

在此之前，请允许我简单说明一下为什么长期以来我一直在向大家传输早起的好处。回顾往昔，我人生的转机就是源于早起。具体而言，我曾经被自卑所困，感叹自己无法适应周围环境而不知所措，甚至因为不明原因就怒火中烧，而早起让我彻底发生改变。

以前我是个夜猫子，两次高考名落孙山后，19岁的我开始挑战早起，因为当时我切实感到如果照此下去，根本看不到光明的前景。

此后，我戒掉拖拖拉拉的习惯，让大脑在早上最清醒的时候全身心地学习，于是我的注意力、集中度不断提高，心情顺畅了许多，成绩也提升了不少，并最终考上了庆应大学综合政策学部。这就是早起带给我最早的成功体验。

接下来，我进入了理想中的高校。如果大家觉得我大学生活顺风顺水，那就错了。因为我是踩线录取，尽管我非常努力，但学习成绩不佳，学分很低。与我形成鲜明对比的是，周围的同学却如鱼得水，每天过得很充实，看起来也光鲜亮丽。我想，为什么我就不如别人？就这样，自己天天闷闷不乐打发时间，又回到此前那种怠惰度日的局面。

到了毕业季，我的就业之路当然不乐观，投了30家公司全部落选，最后只收到一家外卖公司的录取通知。入职后，我工作得并不顺利，烦恼依然延续，20多岁就成了一个边缘员工。

这时候，我回想起了高考的成功经历，于是鼓足干劲决定再次坚持早起。后来，我的工作逐渐受到认可，并成功转型为一家外资战略咨询公司的实习生。之后，我继续坚持早起，并从实习生变成正式员工。此外，通过早起，我还考取了自我兴趣方面的专业证书，在获得公司许可的前提下，在周末尝试兼职。

什么时候起床才是早起，这个并不是最重要的东西。

当然也不是要大家减少睡眠时间，必须如我一样4点钟就起来。

能在早上集中一段时间做一些对自己来说重要的事才至关重要，因此无须纠结早上具体几点起。

显然，本书所讲的制订"早上1小时"的"固定习惯"计划，就是要大家明白集中时间做一些对自己来说重要的事是指什么，然后再践行。具体而言，就是起床后的黄金1小时中，前30分钟做好1天的工作分类，后30分钟朝着理想努力践行。

如果本书介绍的方法能成为大家每天的"早上固定习惯"，就可以解决我在开头提到的问题。

本书剖析了大家不能早起的理由以及如何才能早起；解说了如何在起床后1小时的前30分钟做好具体的阶段工作，在后30分钟为理想而努力，即做好"播种"的具体顺序；还在对"早上1小时"进行提炼的基础上，介绍了"早上 start up"法则，对能否早起还心存不安时，就可以通过这一法则实现自己的早晨计划。

如何实现大部分人都无法实现的目标？

一般来说，"早上固定习惯"就是按照习以为常且不会改变的规则去做，不过本书建议大家从自己的实际出发，然后根据未来发展的需要，适当地对"早上固定习惯"进行战略性调整。千里之行，始于足下。只有平日多多积累，才能换得未来的成功。如果每天都能得到一些此前从未有过的收获，那么就意味着逐渐靠近了理想。

早起最大的好处，就是可以抽出对人生最为重要、也对自己未来发展最为必要的"播种"时间。

习惯改变，人生就会改变。我就是在重要的节点思考自己该如何如何，然后按照"早上固定习惯"的计划安排生活、工作，才有了今天理想的人生。

高考时，我的理想当然是考上大学。因为，当我惊愕地发现"现在的做法前途渺茫"时，我就从那种懒散的学习或者只听人气讲师的授课模式，转变为以利弊考量为基础的严选式聚焦学习，聚焦到某一问题点来发力，并将其作为早上的固定习惯，最终如愿以偿考上大学。

毕业入职外卖企业后，我一开始连参加公司的会议都不被允许，之后想表现自我能力的时候却被告知"休息即可"，然后看了个人能力报告书才知道"我真的做得不好"。经过此事，我觉得自己想要做的事，就是在公司获得大发展，并获得公司的高度认可。对此，我按照"早上固定习惯"来回顾此前的工作方式，拟订工作计划，认真学习工作高手的经验，并阅读有助于提升工作能力的书籍。结果，我慢慢地得到了公司的认可。

接着，我从外资战略咨询公司的一名实习生做起，1小时的工资只有3000日元。当时我想要做的事，就是成为正式员工。我被分配的部门专门负责材料制作，工作要求是在限定的时间内与咨询专家进行交流，然后边交流边制作相应的资料，资料不能出错。后来，我就借助"早上固定习惯"，有效地把握了交流的节奏、时机及技巧，掌握了资料制作的方法，改善了工作效率。一年后，我成为正式员工。

当这样的工作进入正轨后，我就想着做自己喜欢的美食，于是就用"早上固定习惯"来学习，并取得了相应的专业资格证书。在获得公司允许的前提下，我还在周末到面包室担任讲师，保证兴趣和工作两不误。

闲暇时，我觉得应该把早起的好处传输给更多的人，于是打算将"早上固定习惯"这一方法书面化。

在每个重要的时间节点，按照理想来确定适当的优先顺序，使之形成"早上固定习惯"，那么你想做的事就可以实现。只要早上做好了工作计划，然后自己严格遵守，好好把握时间，自己也能获得重视感和自我认同感。

在远程办公、弹性工作制快速发展的今天，我们需要一种强制力来帮助我们延续此前那种"到公司之后几点就做什么事""严格遵守计划"的做法，最终才能实现目标。今后，当公司和工作取消强制力的时候，那么自己就需要头脑清晰地预见未来，根据自己的理想进行严格自律。

也就是说，将"早上固定习惯"作为每天的理想状态进行坚持，对我们改变自己，把握不确定的未来至关重要。从现在开始，大家不妨就按照这一方法，将自己实现梦想的路径习惯化。

永远不要有"明天再去做"的想法

此前，一位30岁出头的年轻人来找我进行职业咨询，他的话深深地冲击了我。他说："我老了之后的梦想就是开一家精品店。"

也许这只是他颇具自省和谦逊的表达，但是现在就说"老了之后"也确实太早了吧。

我觉得他"老了之后的梦想"有违和感，是因为隐约觉察到了以下几点：

（1）不老梦想就不会实现。

（2）本应是现在去追逐梦想，现在不去着手做而想着往后拖。

（3）老了之后，大脑基本上都是停止思考的。

（4）觉得当前的自己什么也做不了，有自我否定的倾向。

当你想着稍微认真一点重新再来的时候，"认真"一生也不会到来。因为现在做得不好，岂不是应该立即好好地把握机会，认真地对待每一天吗？

如前所述，与别人相比，我深知自己是一个比较容易情绪低落的人，但是很多人至今尚不清楚自己具有哪些长处和短处。如果去追求那些镜花水月般的东西，定然会浪费时间，耗费精力。

认知出现问题，到时候会后悔莫及。

前进的路上，大有可为的事情有很多，早上 1 小时可以让你一步步实现。

至此，我已经给大家介绍了我经常使用的激励表达。我想借用美国企业家本·霍洛维茨《创业维艰》中的一句话："欣赏自己独特的性格，珍爱自己的成长经历，相信直觉，因为成功就在那里。"

也就是说，我们都得认清自己的特长，用这些特长去挑战人生中的困难。

那么，大家现在是不是应该探索一下支撑自己成功的特长有哪些？

未来并不是过去的延伸。正如我通过早起改变自己一样，无论过去过得如何绝望，人生一定会迎来逆转，自己甚至会获得无法想象的灿烂明天。但是，要想着现在得过且过，老了以后再做，就绝不可能看到那一天。

尽早实现梦想的武器，就是在起床后的1小时落实"固定习惯"，通过1小时的"固定习惯"，集中做那些当前应该做的事，并确定好优先顺序。如果决定好的事情都能认真完成，就会排除不安，以充足的干劲奋力向前。

即使在某一天出现问题，那也只是一年365天中小小的一天而已。每天确定好优先顺序，并从小事做起，不断改善，就会在工作中井然有序、发现问题，最终养成自省自查的好习惯。当你能够用早上1小时应对重大问题时，你的人生就会得到巨大的提升。

目 录

第一章
起床大作战

第二章
早点起床能够活出更美好的生活

第三章
利用早起，提升工作效率

第四章

早起不会背叛你，
扫除精进路上的障碍

第五章

早起，遇见全新的自己

第六章
做"神奇"的事，成为出众的人

第七章
制订你的早起方案

第一章

起床大作战

第一节
从失败者到"人生赢家"的秘诀

我当了 10 多年的早起教育指导师，发现不能顺利早起、不能坚持早起或早起后做事效率不高的人有以下几个共同特征：不懂得确定优先顺序；优先顺序确定有误；容易中途迷失方向。对此，我向大家一一说明。

1. 不懂得确定优先顺序

- 觉得任务不多，然后大包大揽以致最终都没能完成。
- 不知道自己当前需要适当的睡眠和休息。
- 觉得自己在努力推进一些对社会有意义的大事情，但没有得到认可。

2. 优先顺序确定有误

- 总是被领导催问事情做得怎么样了。虽然自己想要慢工出细活，可是领导对你的评价却是"工作拖沓"。

- 做事不靠谱，就像三天减肥三公斤然后又暴饮暴食，反反复复瘦不下来一样。

- 婚后双方打算要孩子，临近生产的时间恰好是工作的上升期，如此安排显然缺乏深思熟虑。

- 想成为世界性人才，于是开始学英语，却疏忽其他能力的提升，最终导致愿望落空。

3. 容易中途迷失方向

- 每半年就变换目标，因此一直找不到适合自己的道路。

- 现在日本进入了"100 岁时代"，于是有人想通过读在职研究生，研究那些退休老员工的下一步打算，从中找到商机，结果学的东西却用不上。

- 在开放副业的潮流之下，有的人操起副业，但无法与主业形成协同，导致工作时间被切分，从而将自己推进"黑心企业"。

如果上述情形中有一种与你相符，那么你就有可能处于"工作混沌"的状态。

以我的经验来看，一旦陷入"工作混沌"状态，你的生活方式、工作方向就会模糊不清，以致不知道自己应该做或者想做什么。于是就想依照时间按部就班，或者依照自己的一时兴趣、别人的安排或外界的期待来做事，其结果就是对孰轻孰重没有头绪，在不重要的事上大费周章，浪费精力，工作时机转瞬逝去。

为了摆脱这种"工作混沌"的状态，我建议大家掌握将最为重要的工作放在早上来做的方法，也就是"早上固定习惯"。早起时只要注意以下三点，就能把握优先顺序的关键：

（1）重新审视此前的生活习惯。

（2）确保充分的睡眠时间。

（3）将重要的事情放在早上来做。

剔除无理、耗费、拖沓等因素，把主要精力倾注于应该重点关注的事情上，睡眠时间也就能得到保障。只要养成早起的好习惯，那些时间不够或没完没了的忙碌等不良状态，自然就会远离你。

信息过剩也成问题

为什么颠倒手段与目的，弄错优先顺序的人在不断增加？在我看来，原因之一就是信息过剩。

根据 IDC[1]"数字化世界时代来临，你准备好了吗？"（A Digital Universe Decade. Are You Ready?）的调查统计，2000—2020 年的 20 年间，人们接触到的信息量增长了 6450 倍。

信息过剩，人们往往会陷入选择迷茫之中。

比如关于减肥，就充斥各种主张。有人说减肥期间不宜摄入碳水化合物，也有人认为碳水化合物可以平衡传统饮食，所以应该补充。

每个观点都有其可取之处，也有适合的部分人群。因此，越来越多的人不知道该参考哪一种说法。

浪费今天，势必苟且一生

确定优先顺序的好处，在工作期间接、打电话时就能体现

---

1 即互联网数据中心（Internet Data Center）。

出来。

比如，那些现在不接也可以的来电是否需要接呢？不马上回也不要紧的邮件，需要立即回吗？

当然，有些问题需要把握时机及时处理，因此我并不是说要大家对所有的邮件和电话都无动于衷。但是，如果按照时间循规蹈矩地来开展工作的话，时间当然是不够用的。

如果别人无论让你做什么，你都欣然说"好，我来做"，那就容易步入时间不够用的窘境。欣然面对别人的拜托，想着能为别人做些事情固然值得赞扬，但是努力去做别人的差使，自己原本应该完成或者想完成的事情哪里会有时间做呢？

时间就是生命。在别的事上花费时间，然后把剩余的时间留给自己，这样的方式其实就相当于缩减自己的生命。

请告别被他人掌握人生主导权并驱使自己意志的生活，用自己的思想掌控自己的人生。对此，练习早起是最为合适的方法。

工作前的 1 小时至关重要

· 自己比较嗜睡，如果睡眠不足 8 小时的话头脑就不清晰。因此，即使 22 点入睡，第二天也要 6 点后才能起床。

· 即使早起，但要准备送孩子去学校，早上的时间不属于自己。

· 如果上晚班，起床时间就不固定。

如果有上述问题，大家也不必苦恼。因为几点起床或起床时间的早晚都不是问题的关键，只要在工作前腾出 1 小时就可以了。如果夜班从 16 点开始，那么按照本书的指导，将 15—16 点间这一工作开始前的 1 小时把握好，就不会有问题。

实际上，我现在一边在带自己 4 岁的孩子，一边在践行这种作息规律。即使刚生完孩子我也坚持早起，早则 4—5 点，晚则 6 点起床，但时至今日，我早上也有一段时间花在了孩子身上。当把孩子送到幼儿园后，8—9 点就成为我"早上固定习惯"的时间，这段时间十分重要。

上班通勤需要 1 小时，只能从早上的自由时间中找回。这时候，一天的工作计划可以借这段时间完成。采用本书介绍的时间划分法，即使在拥挤的地铁中也可以借助邮件、便笺，或者在上班自驾途中用声音输入来完成。

时间就像存钱，觉得有多余的就存起来。如果没有相当强的意志，这事就很难做好。有时间就浪费，结果也就容易被时间的洪流冲走。

就像储蓄越多心里越安稳一样，如果积累好"早上1小时"，内心就会有余裕。长此以往，我们也就敢于克服难以预料的不安，挑战此前不敢挑战的困难。

不管每天多忙碌，都要确保自己有安静独处的时间。只有这样，才能让自己从焦虑而不知所措、逡巡不前的状态中释放出来。

第二节
高效能人士都在用计划管理

"确定优先顺序"虽然是老生常谈，但没有比这句话更加模糊的表达了。因为情况不同，优先顺序时时刻刻都会发生变化。

有时候，我们会将紧迫的事放在优先位置，有时候也会优先处理当前并不急迫，但不论现在或以后都会很麻烦的事。

持续忙碌的每一天中，将紧要事件的处理视为头等大事，这么做似乎有些不妥。不过，能否有效利用时间，其实与处理优先度高的问题之前的准备息息相关。

我们经常听人说"直觉"，直觉确实非常重要。当你思考应该做什么的时候，其实没有比直觉更合适的军师了。

这是因为，此前的惯性判断在发挥作用。比如，我们在前面提到的说"好，我来做"的人，当别人找他做事时，他就会打乱自己的计划而空费心力；还有的人，如果没人催促，做事就没有方向。

在此，大家不妨想一想：

你早起后想完成的事，是不是此前要做的事情的延伸？想着超越当前的自己，因此坚持早起然后做时间规划？你的直觉，是不是在无形之中带领你向好的方向发展？

要想不落俗套，就必须依赖不同的风格。

为此，按照重要性和紧迫感制订每天的工作计划，就是所谓的"早上固定习惯"。

坚持早起的 6 个好处

为什么要强调起床后的 1 小时，我还需要稍作说明：

（1）逐渐改变平常的生活习惯比较容易。

（2）行动前的障碍比较少。

（3）大脑没有拥塞，所以做事效率高。

（4）结束时间是固定的，所以不会拖拖拉拉。

（5）获取小小的成就，生活会比较自如。

（6）此时不受打扰，容易集中精力。

接下来，我按顺序进行解释。

1. 逐渐改变平常的生活习惯比较容易

即使很难早起，利用好起床后的 1 小时，也能逐渐改变平时的习惯。当然，为了能够早起，本书会在后面告知详细事项。

2. 行动前的障碍比较少

你是不是晚上读书时，忽然觉得原来如此，我也可以试试，可最后不了了之就去睡觉？或者在通勤的碎片时间上网看故事看得入神，然后忘了下车？

如果早上就做好计划，那么一旦开始工作就能充分应对，也就不会出现忘了这个又忘了那个的问题。只要在限定的时间内集中注意力不走神，要想尝试的事情就可以立即落实到行动。所谓"趁热打铁"，就是这个意思。不浪费获取的知识而敢于实践，你的很多技能都有可能得到提升。

3. 大脑没有拥塞，所以做事效率高

早上做计划管理，是因为大脑此时没有拥塞，因此做事效率比较高。我曾与早稻田大学精神科医师、在睡眠研究方面著作等身的西多昌规副教授有过交流，请教过他一些问题。从他那里了解到，人可以通过睡眠来整理记忆、感情或经历。也就是说，睡一觉后就相当于抹去了此前的体验，大脑在起床后处于最为宽松状态的时候。随着时间推移，大脑就会逐渐装入大量东西。人的注意力有一定的上限，越到夜晚越迟钝，这就是我们所说的拥塞状态。在这样的状态下苦思冥想，想不通的事情就会越积越多，担心就会增加，情感方面就会容易出现极端。

早上不仅是情感的过滤器，也能让人过滤烦琐，冷静回顾。在制订一天的行动计划之前，如果早起，就会有一个平和的心态。

4. 结束时间是固定的，所以不会拖拖拉拉

起床后的 1 小时迅速集中精力确定好工作中的优先顺序，就不会在拖拖拉拉中迷失自我。相反，如果在夜里容易陷入一种错觉，觉得时间还有很多，那么乱七八糟的事就可能接

踵而至。"早上 1 小时"能决定时效，能在有限的时间内推进有意义的事情，也会让你有个好心情。

5. 获取小小的成就，生活会比较自如

心里明白这是重要的事，却不知道如何下手，虽然说不上十万火急，但应放到比较重要的优先顺序。

一般来说，大家都想告别那种不分昼夜出差的工作方式，然后借着结婚的机会转向更加稳定而很少出差的工作。你准备和公司领导交涉工作调整的事情，想着如何才能说服领导，这就相当于你在酝酿。可是，很多人会淹没在匆忙之中，继续按照公司的安排埋头工作。加上在与公司交涉方面心存顾虑，觉得麻烦，于是维持以前的状态，从而丧失了真正的改变机遇。这样坚持的结果就是即使身体垮了，公司也不会体谅你。既然这样，那么面对苦难，不如早起后的 1 小时就按照优先顺序来办。

如上所述，如果利用早上的时间进行"播种"，每一步都付诸行动，就像千里之行，始于足下，成就感就会慢慢积累起来。

关于工作调整的具体酝酿方式，不妨从以下几个方面进

行思考：

(1) 先琢磨工作调整的可能性有哪些。

(2) 和领导或者领导的领导提前沟通。

(3) 总结自己此前长期以来的工作状态。

(4) 要让领导知道你想工作调整并非头脑发热，要让他看到你下一步的计划。

(5) 如果有对你工作调整有利的资格证书，那先考取。

(6) 不要只想到工作调整，而要想好可行性方案。

这样一来，心中所想就不会被忙碌所冲走，也不会被外在条件所捆绑，然后具体落实，逐步推进。

6. 此时不受打扰，容易集中精力

不知道大家有没有听过意大利企业顾问弗朗西斯科·西里洛的"集中时间管理"理论。他的基本主张是先集中精力25分钟，然后休息5分钟，效率就会提升上去。

这里的关键就在于"限定时间"且"不被打扰"。以早起为例，把握这两个关键点就可以简单实现。

"集中时间管理"就是以"25 分钟 +5 分钟"为一个节点，连续 4 个节点之后就要休息 20—30 分钟。不过忙碌的早晨花去两个小时不太现实，那么将起床后的 1 小时分为"30 分钟×2"的方式，就可以轻松完成。

　　也就是说，用"30 分钟 ×2"的方式分两个节点集中做事。前 30 分钟做好一天的工作计划，一天中应该做的工作要取得什么样的效果，可以在这期间安排妥当。一旦着手，也就能很快进入工作状态。后 30 分钟用来关注一些重要但并不紧急的事情。如此一来，工作效率自然提高，自己也可以在想做的事中获得充实的快乐。

第三节
学会播种，让梦想不再只是梦

之前介绍的"早上固定习惯"就是在前 30 分钟内做好一天的工作计划，然后用后 30 分钟关注并着手重要但并不紧急的事情。

对我们的人生来说，"播种"是十分重要的东西，在此我略讲一二。

很多人都知道播种的重要性，但在平日里又会慢慢将其忘却。因为播种固然重要，但他们并不知道如何来做，而且觉得规划起来也十分烦琐。

其实，我们需要播种的地方很多，包括职业升级、自我学习和磨砺等。有的人在工作期间干劲十足，决定"这次就来做这个",但是一旦到了休息日或自由时间就变得拖沓,精神全无。可以说,这是因为我们没有将需要播种的东西具体化,以致不能全身心投入。

有人习惯于把事情往后推,觉得现在还早或者先做紧急的事,于是总是缺乏动力。岂不知眼前要做的事情其实永远也做不完,想着做完这件事后再如何如何,那么就不会看到完成的尽头。因此,面对那些虽然并不紧迫,但是于人生来说十分重要的"播种"一定要尽快来做,须知掌握计划性也是非常重要的。

前文我列举了工作的例子,现在谈一下在健康管理方面"播种"的重要性。我们都知道吃蔬菜有利于健康,定期的有氧运动对身体好,而每天吃油炸食品、疏于运动,身体就会慢慢出问题。据我所知,到医院体检后发现病症,然后慌里慌张后悔不已的人绝不在少数。

珍惜与家人在一起的时间,孩子还小的时候就让他们早起看连环画,或者干脆早上和他们一起学习、散步,以此为轴来共同"播种"。此外,副业方面大家可以各显神通,而此前各自积累的经验就是"播种"。为了增加资产而学习股票和不动产知识,也是"播种"。不管是工作计划还是个人目标,我们不妨利用好早上 1 小时，将所有需要"播种"的东西都具体化。

每天的时间都会转瞬即逝。如果在早上就梳理清楚每件事情的轻重缓急，那么就会了解自己一生最重要的事情是什么，为此自己应该怎么去做（播种）。

要想探究如何"播种"，就要经过"首先""为了慎重起见"等过程，然后再思考"是否真的必要"，按照这样的顺序审视，如此一来，做事怠惰拖沓的习惯就会被改变，工作效率也会随之提高。

找一个拥有相同人生志向的标杆

为了确定优先顺序，很多人都喜欢参考网红或名人。

实际上非常重要的是，不要仅仅关注 20 岁员工、企划专家、孩子上了小学的家长等人当前的情况、所处环境，而是要对这些人如何依靠志向来开展工作、制订计划进行重点关注。

比如说，有的人整日工作不觉得苦，他们认为工作也好，个人计划也好，混乱一点也没关系，不整理家务也不在意，孩子们吃饱喝足睡得香才是正理。有的人则非常喜欢整理家务，对居住环境、室内布局、孩子们的饮食都十分上心。这两类人可谓天壤之别。这样的话，仅仅看到其中一点就难免有失偏颇。也就是说，在确立优先顺序时要发现差异，找到参考规范，才能真正找到标杆。

对我们来说，现在要做的不是探索同一环境、同一境遇的人都在干什么，而是要确认自己的人生想怎么过，自己在什么样的状态下才感到幸福。也就是说，我们要尽早明确自己的志向，然后了解和你有着同样志向的人如何确定优先顺序并积极落实。

人生阶段不同，优先顺序也会变化

除了思维方式影响优先顺序的确定外，家庭环境和人生阶段的不同，也会导致优先顺序的变化。

前文提到，对于喜欢在工作中追求人生价值的人来说，在公司获得事业的成功也许就是"播种"。与之相反，对于喜欢整理家务的人来说，家庭氛围、布局的好坏才是自己的"播种"。

一些上市公司老板的经商理念，我也记录过不少。同样是老板，有的是从底层做起一步步攀升，有的是依靠投资一下起家，他们之间的"播种"自然千差万别。为了实现目标，是先拿钱果断投资，还是把钱死死地存起来压根不考虑投资的事，显然也是不同的"播种"方式。

随着年龄的增长，志向也会发生改变。20多岁的人，往往优先考虑工作；等进入30岁时，经历结婚然后送孩子去幼儿园，就会相对优先考虑上班时间较短的工作。另外，伴侣帮不帮自己做家务带孩子，也会改变自己计划中的优先顺序。

上班族、自由职业者、创业者等不同工作性质也会决定理想，影响优先顺序

上班族	尽可能把时间花在工作上，努力赚钱
	希望少付出高回报，不愿做没实效的事
	朝九晚五上班，但也发展其他兴趣
自由职业者	一个无所不通的工作强人
	依靠专业知识在短时间内就能挣钱
	每周上两天班，就能挣一万多块钱，幸福乐翻天
创业者	通过上市身价暴涨
	自己一个人在世界各地飞
	改革即将倒闭企业的专业经营者

情况繁多，如何抉择？

第四节
现在，给自己定个位

那么，如何才能了解自己的志向，确定人生的优先顺序呢？

我想，解决办法就是以"时间 × 风险容许度 + 人际关系"为轴，在人生的每一个阶段安排好优先顺序，调整好"播种"的内容。

接下来就说一说"时间 × 风险容许度 + 人际关系"的内容。横轴是时间，纵轴是风险容许度，而轴内的三种类型（个人主义型、团体协作型、临机应变型）则展示了工作中人际关系的态度。

借助这个图表，就可以使此前模糊不清的自我志向进一步清晰化。这样一来，我们就不会被持其他立场的人所左右，并且在确定优先顺序方面也不会出问题。

　　不弄清行进航线而随波逐流的航海者，不了解富士山路的登山者，都不可能到达预定的目的地。因此，我们不妨参照这个图表，思考自己现在所处的位置、今后应该往哪个方

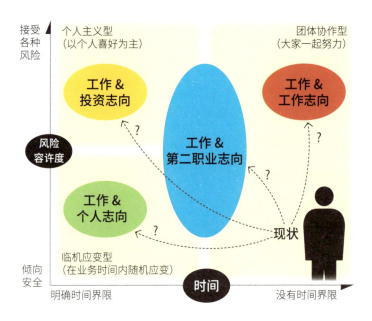

向发展。在忙得焦头烂额而不知道何去何从之时，这个图表可以为你提供方向。

以此类推，无论是一天、一周还是一年，我们的优先顺序都可以借此而清晰可见。

"时间 × 风险容许度＋人际关系"刻意调整早上工作计划

每一个志向，都有各自不同的特征。

工作 & 工作志向

□时间全部花在工作上也没关系，时常考虑工作的事情

□喜欢工作，一旦投入就忘乎所以

□想在公司干出成绩，赚钱自立

□想和同事一起完成工作

□能够把自己的目标和企业的目标融为一体

□为了做出成绩，不惜花时间去学习

工作 & 个人志向

☐ 工作期间努力工作，非工作时间干自己的活

☐ 在工作时间内，按时工作的要求推进工作计划

☐ 想在自己喜欢或感兴趣的事情上面花费时间

☐ 不想因工作而让自己的家庭生活受影响

☐ 不愿减少自己的储蓄

☐ 不管怎么说，比起金钱，自己的自由时间更重要

工作 & 第二职业志向

☐ 工作时间之外，不排斥干其他的事情

☐ 为了在工作上有发展，需要积累其他领域的经验

☐ 想将现在的工作经验，尝试应用到其他领域

☐ 有种危机感，觉得在现在的公司就是坐井观天

☐ 想全方位了解事情

☐ 喜欢和不同领域、不同行业的人交流

工作 & 投资志向

☐ 不想把全部时间都放在工作上面

☐ 不想被时间、场所和金钱所束缚

□为了远大目标，近期损失点钱也没关系

□尽量做自己喜欢做的事

□只想和自己关系好的人共事

□想用最小的努力获得最大的收获

学生时代	**"工作 & 工作志向"**，梦想成为一名职业女性。
第一家公司	刚开始是**"工作 & 工作志向"**，就是一股脑地努力工作。后来由于长时间工作导致疲劳，开始转为**"工作 & 个人志向"**。
第二家公司	想成为全职员工，于是树立**"工作 & 工作志向"**。其间，又以**"工作 & 个人志向"**为引导，取得兴趣方面的证书。当工作稳定下来，在**"工作 & 第二职业志向"**的驱使下，举办"料理课堂"。
独立自由职业	以**"工作 & 工作志向"**为牵引，努力工作。
自我的不可取代性	自己如果倒下，一切积累都将崩塌，于是开始由**"工作 & 工作志向"**转为**"工作 & 个人志向"**。

我反复强调，个人的志向会随着结婚、生子、养育孩子、赡养父母等不同阶段或立场而变化。有可能一只脚涉足这个志向，另一只脚却涉足另一个志向。

比如调查显示，有的人现在是一边带小孩一边工作，那么就属于"工作＆个人志向"，但随后也有可能转入"工作＆第二职业志向"，希望以此来谋划将来，安排自己的工作远景。然后在起床后的黄金1小时中，借助30分钟"工作＆个人志向"的指导来为提高工作效率做准备，剩下30分钟用"工作＆投资志向"来做不动产或股票投资。

并不是什么事一旦决定就得始终坚持。也就是说，我们未必一旦决定某事，就必须一直不改志向勇往直前。

每逢决策，都要立足当下，安排好优先顺序。比如，我就是按照上图来调整规划的。今后，我还将根据不同阶段的需求来继续调整。

了解志向，才能把握努力方向

为什么一开始了解志向至关重要？是因为这样可以让我们明白"现在必须努力做什么"或者"可以放弃什么"。

如果我们对自己认识清楚，就不容易受到外界的影响，进而可以专心致志，集中精力。

如果明确了目标，就不会不明白"做什么比较好""慎重做什么""首先做什么"，当然也不会浪费大量的时间。

大家不妨先弄清自己的志向，然后照此制订一天的工作计划。

第五节
神奇的四象限法则

在平时工作或家务中，很多人都喜欢将每天要做的事列个表。这样的表，我们没有必要对其进行 180 度大调整。只需注意以下三点：

（1）早上 1 小时要集中精力，一鼓作气做好工作表。

（2）按照"紧迫性 × 重要性"的原则，将工作计划分成四种颜色。

（3）细化需要"播种"的具体事项，使之可以立即推行。

我建议大家的工作计划可以按照下面的工作表，分 4 种颜色区分标记：

1 不紧急 × 重要："播种"的红色。

2 紧急 × 重要："收割"的绿色。

3 紧急 × 不重要："疏苗"的蓝色。

4 不紧急 × 不重要："风干"的黑色。

这些颜色，在人生中扮演着重要的优先顺序。

1 不紧急 × 重要：这一项容易被忽视，但对将来有着至关重要的影响。只有平日不断积累，将来才能开出美丽的花朵，结出丰硕的果实。因此，取名"播种"，并用红色标记其重要性。我们觉得它重要，但目前还没办法很好地把握，这种"播种"之所以重要，理由有以下三点：

① 还没到最后关头，因此没什么危机感。

② 要做的事千头万绪，不知从何着手。

③ 取得的进步不明显，因此难以坚持。

这样的话，就需要利用早上 1 小时对这一部分（指"不紧急 × 重要"）进行分解，以便我们立即行动。

2 紧急 × 重要：意味着这一项和目前的生活、工作息息相关。因此，取名"收割"，对应的颜色也选择为绿色。

3 紧急 × 不重要：虽然不做也没太大影响，但是从目前的情况来看比较着急要处理。比如此前说到的电话、邮件等，有空就抓紧回复完。对此，我们取名"疏苗"，并用蓝色表示。

4 不紧急 × 不重要：落实起来没有什么意义，就算不考虑也无关紧要。因此，用"风干"来命名，选黑色来标记。

通过颜色来划分工作，那么生活中每天真正重要的是什么，问问自己就可以解决了。

通过颜色划分，当天想要做的工作到底处于什么样的位置，基本上可以一目了然。一天当中，应该优先完成的是"播种"的红色和"收割"的绿色。当然，"疏苗"的蓝色和"风干"的黑色也不能取消，只要意识到对于这些问题现在可以先放一放或者暂时晾一晾，就可避免浪费更多的时间。

习惯之后，即使不用制作这种工作表，我们也能区分这四种颜色，辨别轻重缓急。比如，要召开一个会议，最开始的 10 分钟是回顾此前工作，这部分只要看过邮件就很清楚，这就属于"疏苗"的蓝色。一般来说，这些不用过于认真听也无伤大雅，40 分钟后终于轮到"播种"的红色部分了，需要认真听，从而发现工作中应该削减的那些耗费时间且不合理的成分，这样效率自然就会提高。

按照颜色来取舍判断，在做决策时，就可以放弃那些"是不是先要记下来"之类的多余想法，并因此练就你的判断力和瞬间爆发力。

如果每天早上按照这样的节奏安排工作，那么未来的计划就会牢牢掌握在你的手中。当然，你也会从"没有时间思考想做什么"之类的烦恼中解放出来。如此一来，到底是浪费宝贵时间还是研究投资，只要用好起床后的黄金 1 小时，就会彻底弄清。

此外，"播种"的具体事项如何细化，并使之成为迅速可行的状态，我们将在第三章详细说明。

第六节
计划得当，工作就轻松舒朗

在真正投入工作之前，就注重"播种"，做好计划，虽然会花些时间，但于人生来说十分重要。这样的话，我们接下来的工作就会轻松多了。

一切按计划执行就不会有麻烦。比起最后着急忙慌，不如一早就计划得当。如果是那种一早起来就说晚点再做的状态，我们岂能积极向前？只有立即行动，即使在工作中被打断或者遇到紧急事件，也要立刻回归状态，展望未来。

第二章

早点起床
能够活出更美好的生活

2

第一节
早起时间，先做好人生计划

将一天的计划安排好，确定好优先顺序，这样的习惯对一个人来说非常重要。这决定着事件的取舍，影响着个人的决策。

人生的决策往往是连续的，如果总是匆匆忙忙的话，那么就很难对未来做出规划。因此，当我们再回首时，就可能懊悔不已。

早上制订好计划，对自己来说是谋求"播种"并推进完成的过程，因此不可偏废。可以说，这也是把握人生重要机遇、思考人生如何度过的试金石。明确了计划后，如果没有照章执行，就能发现自己哪里还存在不足。只要发现不足，也就知道了如何弥补。此外，即使自己有些问题没法处理，也可以请教其他专业人士，这样的做法，也算是计划的开始。

制订工作计划的 7 个好处

将计划当成早上的固定习惯，有以下 7 个好处：

（1）形成决策习惯，行动高效。

（2）可以排除瞻前顾后、畏惧不前的心理。

（3）可以预见自己的工作效果。

（4）不会一直为工作纠缠。

（5）可以完善自己工作的常见问题集。

（6）分清有效加班和无效加班。

（7）可以每天集中精力。

接下来我们一一说明。

1. 形成决策习惯，行动高效

这是当前必须要做的吗？

这是我应该完成的吗？

忙碌的每一天，即使心中有这种想法也不敢落实到行动上，如果想到什么就说什么的话，反而会导致更多的麻烦。于是乎，只是埋头苦干，觉得思考也会浪费时间。不知大家是不是有过这样的体验？

其实，其中的原因在于你没有形成决策的习惯。

比如，那些在回邮件时犹豫不决的人，往往不知道如何回复才能得到对方的满意回答。那些嘴里念叨着这项工作真费时间的人，却一直没下定决心调整工作内容。

工作有计划，才能养成好的决策习惯。换句话说，决策习惯就是明确自己的价值观和兴趣好恶，使自己形成瞬间决断的能力。

每一天把握好有意义的事，然后一一落实，那么这一天就会有收获，充实感就油然而生。我们不妨先从小事做起，逐渐提高自己的快速决断能力。

即使会出现一些问题，也不会影响你的决断能力。如此日积月累，决断能力的精准度也会随之提升，做事时所花的时间也会大大缩短。

2. 可以排除瞻前顾后、畏惧不前的心理

如果"早上1小时"集中精力做好计划，那么每天也不

会有时间去关注那些蜂拥而来的信息，有效排杂后执行计划时当然能做到更好更优。

所谓瞻前顾后，就是最终确认对方提供的资料无误，但为了慎重起见，再把途中经过捋一遍。但是，在遇到紧急且重要的事情时，岂能这样办？这分明就是早上根本没有安排哪些事是重点，哪些事应该优先处理。

有时候，我们往往会对别人送来的还没有完成的资料不知该如何处理。即使是那些不需要思考就可以动手的工作，要想调整工作方法，也应做好相应的计划。

例如，日本邮件的"抄送"功能，经常出现"慎重"选项。就是说，这件事如果要让这些人知道（即选择"抄送"），那么邮件的接收者就会是一大群人。

如果没有收到抄送的邮件，那么就不会发生连带责任。如果发件人有什么疑问或不满，直接查一下邮件记录就可以解决。

无论是自己还是对方，都可以通过排除瞻前顾后的疑虑来消除时间虚耗。只要觉得合适，不妨大胆去做。在"早上1小时"的计划内，需要考虑各种事情。

3. 可以预见自己的工作效果

加班时间的缩短、生产效率的提高和远程工作的推进等，一系列改革工作方式的话题频频成为热点新闻。也就是说，如何提高生产效率、减少加班时间成为人们讨论的焦点。在我看来，提高生产效率的关键，是明确每项工作的必然性与共有规律。

自己一个人包揽一堆工作，那么就会偏离理想设计，每项工作也不会那么如意。如果安排得凌乱，加班就可能成为常态甚至影响到自己的性格。如果不和相关人员进行具体比较，那怎么预估自己能力比较好，或者能否发现做事执着较真中的可取之处，总体上就会模糊不清。

无论是发送邮件还是准备资料，每个人的习惯做法都不一样。但是，工作效率高、正确性强的人，他们一般都会将理所当然的事情日常化，并为此创造一个可以共享的环境。如此一来，自己的效率显然会急剧提升。

即使被混杂的工作所烦恼，但只要让手头的工作具体化、可视化，也完全可以和那些高手比肩。通过对比，也会发现自己哪些地方还应该去除杂乱。此外，你还可以向前辈或水平高的人请教，具体问他们有什么好的建议或者他们是怎么处理工作的，通过请教也会受到良好的启发。这样，就会提高自己工作的正确性和预见性。

4. 不会一直为工作纠缠

有一次我面向候补管理层做报告，有位参会者就向我抱怨："我的领导经常一拍脑袋，就立马给我派工作。我本来还想感谢他，但是现在已经应接不暇，而且旧的工作没完成，新的任务又来了。"

能说出这样的烦恼，一般都是那种老员工或者工作效率高、有责任心且有想法，同时颇受周围人信任的敦厚之人。我们经常听说"工作要找忙人"。一般来说，越是优秀的人，你越放心交给他们繁重的任务，他们开始也能应付自如，但是往往又有工作分摊过来。如此周而复始，昔日的那种干劲就会适得其反甚至会变成心理负担。

这里的问题就是，越是能干的人，在工作过程中越是会遇到更多的新问题。

结果，工作就像滚雪球一样堆积而来，不管什么时候都会纠缠在工作中无法自拔。

这时，即使能够接受超过自己能力以上的任务，同时避免遭受"黑心企业"的压榨,也要将工作进行细化。也就是说,将所有工作都进行分解,然后认真思考,并敢于提出哪些部分可以做,哪些部分需求助他人。这样一来,你的工作就没有那么辛苦了。

5. 可以完善自己工作的常见问题集

也许别人偶尔也会有问题,但为什么总是你这一摊那一摊的问题不断?

一旦你忙得不可开交,就可能会想到为什么总来问我,这些明明自己上网一查就能解决的。但是要知道,这些问题也有可能是谁都想知道,可就是没人回答得了,所以才向你讨教。

也就是说,这些问题当中,其实隐藏着你很多潜在的价值。工作计划可以让自己的目标更加明确,自己不妨就所从事的工作,整理出一个常见问题集。如果你想一想那些令你不胜其烦的"老问题"其实是只有你才能够解决,那么你的工作岂不会多一些快乐?通过"早上1小时"来制作工作表,就是将自己无意识中的一些事情转化成书面语言。如果能这样,就可以实现以下几点:

（1）弄清楚自己应该掌握哪些技能。

（2）将问题转化成书面语言，便于其他人理解。

（3）以大家都能接受的形式使之实现标准化、体系化。

如果能形成体系化，其他人就可以依葫芦画瓢了。这样服务他人，自己也会收获一份喜悦。此外，以"传输"的观点来看待事物，与人交流的方式也会随之改变，自己在日常工作中也会发现快乐的源泉。

6. 分清有效加班和无效加班

做好工作计划之后，就明确了哪些能做，哪些做不了，因此就会有合适的预判。比如说加班，就分为迫不得已的加班和通过找窍门能有效减少的加班两种。有了工作计划，再反观自己要做的事，就会发现哪些工作是可以通过找窍门能有效减少的加班，这样也就能做到化繁为简。

不知道大家有没有这样的经历，你的客户或上司要求你做一个企划书时，你完全没有把握，但是不得不接受，也不能去质问，果不其然最后在工作中出现了不确定、不明白的问题，而你需要与之确认的人却因为外出或开会一直未归，结果仅确认工作就花去了你 3 个小时。类似这种在接受任务时对不明白之处的确认，就属于能有效减少的加班。如果提前切切实实地做好了工作计划，那么你就应该提前明确自己要做的企划书，包括指示内容的确认、制作、成果核实等内容，这样就会改善不必要的加班。

除了自己的加班事项，也可以观察一下上司的加班理由，如果能从中知道"如果是我，我该怎么做"，那么那种磨磨蹭蹭迫不得已的加班就会消失得无影无踪。

7. 可以每天集中精力

如果习惯了"早上 1 小时"工作计划法，那么早上就是你的"峰值管理"时间。"峰值管理"，就好比是运动员为了在正式比赛时发挥出最佳状态，从而始终保持必胜的信念一样。2015 年，我和橄榄球选手五郎丸步在其参赛前就"特有动作"有过交谈。所谓"特有动作"，是指原职业棒球联盟选手松井秀喜在其参赛期间，在自己的名字被叫到，然后回到击球员的位置之前，会做以下动作来集中注意力：

- 双手握住球棒两端

- 身体前倾

- 转动身体来放松自己

- 空抡球棒之后，按照投手的投球动作再次空抡

- 就位之后，用脚踩实当前场地

- 准备就绪摆好架势之后，用眼睛扫一眼球棒

"早上 1 小时"就是这样，可以让自己有意识地进入一种遵守规则的仪式感。

反复践行这种能让自己高效工作的方法，并将其作为早上的固定习惯，就会给自己带来积极的暗示。一旦习惯成自然，就会有更好的执行力。

心理学家米哈里·契克森米哈赖将不受周围干扰而一门心思集中精力的状态称为"心流状态"。如果我们能用"早上 1 小时"把工作分工做成"心流状态"，那么今天的工作今天做完的自信心就会暴涨。

此外，当用"早上 1 小时"做好计划表时，一切工作内容就相当于自动生成，因此即使遇到着急的事或突如其来的麻烦，也能立即返回正题。

第二节
早起时先断网，养成好习惯

现在是网络时代，智能手机的很多应用程序可以让我们马上就能做出一个工作表。但是，我建议大家在习惯"早上1小时"的工作计划法之前，还是使用看起来比较麻烦的笔记本或手账来制作模拟工作表。也许在上班乘车过程中有情非得已的情况，但是在上网、查阅邮件的时候，还是尽量按照我的建议做。理由有以下两点：

（1）可以维持集中注意力和判断力。
（2）避开因惰性而把工作计划往后推。

有位诺贝尔经济学奖获得者曾说过，"信息的丰富，导致我们注意力的贫困"。信息量过大，会让我们产生选择困难，自己的判断会迟钝，进而对优先顺序的确定产生影响。如今打开手机，翻开计算机，各种信息充斥耳目。这样的情况日复一日，自己的认知到底是头脑思考的结果，还是受网上舆论的带动，一系列的判断标准都会变得模糊。还有一种危险，就是试图将所有信息都囫囵吞枣地吸收进来，妄想着自己认真思考。

对此，"早上 1 小时"就可以阻止这些无端输入，同时将自己的东西有效输出，并使之形成习惯。手机也可以进行输出，但是拿起手机，我们往往用的是记录功能之外的东西。因此，为了集中精力制作工作表，我建议大家有意识地离开网络。

此外，用数字化手段制作工作表，也容易产生照抄照搬的问题。虽然现代技术的某些功能很方便，但是这个工作表真正是自己想要的吗？在验证这个问题之前，千万不要想着走捷径。为了减少重蹈覆辙的罪恶感，就要有这样的执念。

当然，有的人会把一个一个写好的计划表贴在显眼的位置，但用完之后就扔掉了。对此，我不敢认同。为什么呢？

将好不容易实现了的目标任务丢掉，就相当于丢掉了曾经奋斗的轨迹。因此，我希望大家将自己实现了或判断过的颜色区分轨迹都留在笔记本或手账上，以便随时参照和反思。在完成的地方留下印记，也能回味自己的成就。

适合移动中使用的记录软件

一般来说，使用"早上 1 小时"这种方式建议断网，但是在通勤途中，甚至是拥挤的地铁或其他上班车辆中的时候要思考工作计划，那该怎么办呢？对此，我建议使用收费记录软件。可以将自己记录的东西通过邮件发送给自己，选择操作起来非常简单，便捷又迅速，而使用声音输入的为佳。你自己发送的邮件，可以通过预先设定的标题到达邮箱，当你到达公司或者公司附近的咖啡店查阅时，收到的工作计划表就是现成的。我在上班途中偶然想起的内容，全部都是依靠这种软件来完成的。

第三节
准备好专用纸笔

开启"早上 1 小时"生活时，我建议大家先从"形式"入手。

"早上 1 小时"的工作计划只要有纸和笔就可以做，但是最好选择那种手感好、用起来舒服、带起来方便的纸笔，这一点做到极致，干劲也会高涨。当然，我不是说让大家都去购买名牌笔记本，而是建议选择那些最适合自己的用具。

对我来说，我就喜欢以下三种：

（1）每天、每周、每月都用于工作计划管理的手账，至今已连续用了 10 年。

（2）制订以 3—6 个月为单位的计划，选用 life noble note

plain 笔记本（B6 号，素色）。

（3）早报（后面详述）用绿色笔记本或 MD 型笔记本。

为了区分工作计划，我比较喜欢使用的是 LAMY 4 色圆珠笔，油性是 2000L401。这 4 色笔也经常用于设计，我更青睐于它们的时尚感。不过，这款圆珠笔的黏度很强，使用的时候不要用力压。当然，也可以用其他写起来比较流畅的笔芯替换。

制订以 3—6 个月为单位的计划，可以选用 12 色 Tombow（蜻蜓）铅笔。

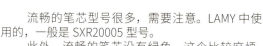

流畅的笔芯型号很多，需要注意。LAMY 中使用的，一般是 SXR20005 型号。

此外，流畅的笔芯没有绿色，这个比较麻烦，可以选用油性圆珠笔芯 4C-0.7 B-BR-8A-4C-G 来替换。

第四节
增强行动力，只需这三步

那么，具体怎么完成工作内容的划分呢？

用"早上1小时"来进行工作管理，可以按周期分成每天的习惯、每周的习惯、每月的习惯、每3—6个月的习惯来进行。每种习惯的操作基本相同，下面就以"每天的习惯"为例来说明：

（1）将脑子里浮现出的当天工作内容全部写出来。

（2）按照4种颜色，做好"播种"内容。

（3）细化"播种"内容，使之可以立即实行。

4 月 8 日 今天工作
☐ 查阅早上的邮件
☐ 回应 B 公司的问题
☐ 完善例会议题
☐ 出席例会
☐ 完成会议记录
☐ 完成报单
☐ 和 A 吃午饭
☐ 查阅下午的邮件
☐ 完成面向新客户的企划案
☐ 在微博上写一些基于兴趣的读书心得
☐ 做练腹肌的动作 100 次
☐ 转入研讨会费

• 利用下划线
• 在前面标注○
• 用颜色标注
按照上述方式，用 4 种颜色做记号，让其看起来一目了然

第二步：
按照 4 种颜色，做好
"播种"内容

4 月 8 日 今天工作
☐ 查阅早上的邮件
☐ 回应 B 公司的问题
☐ 完善例会议题
☐ 出席例会
☐ 完成会议记录
☐ 完成报单
☐ 和 A 吃午饭
☐ 查阅下午的邮件
☐ 完成面向新客户的企划案
☐ 在微博上写一些基于兴趣的读书心得
☐ 做练腹肌的动作 100 次
☐ 转入研讨会费

第三步：
细化"播种"内容，使之可以
立即实行

面向新客户制作的企划案
☐ 了解客户的诉求
☐ 确定目标
☐ 制作基本的企划案
☐ 把对方可能提出的反驳和质问列出来
☐ 准备应答客户的问题
☐ 确认会议举办的日程表
☐ 确认必要参会的员工
☐ 将基本的企划案向领导汇报
☐ 开始准备资料
☐ 对资料进行最终核查、修正
☐ 进行提案预演
☐ 分颜色印刷 3 份资料

第五节
写出工作内容，提高完成率

    首先，把今天要做的事或应该做的事，毫无保留地全部写出来。这么做的目的，就是不占用大脑空间，同时又能防止遗忘，也就是将大脑的记忆分给纸和笔来承担。这时，想到的东西可能不仅是今天的工作内容，也许还涉及明天甚至下周，完全超过了一天的范畴。对此，不要心存顾虑，也不要因噎废食，只要想到就先写下来（关于明天以后的工作管理，可以分为每周、每月、每3—6个月这样的周期进行）。

    "为了不忘掉而去做""必须要做"等带有强制性的要求会造成心理负担，很多人也会因此而出现经常性的拖沓问题。对此，我们反而要以漠然的态度，将头脑中的想法自然写出。

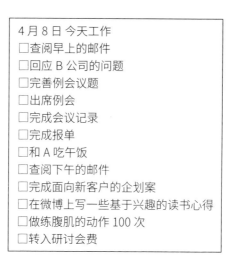

4月8日 今天工作
☐查阅早上的邮件
☐回应 B 公司的问题
☐完善例会议题
☐出席例会
☐完成会议记录
☐完成报单
☐和 A 吃午饭
☐查阅下午的邮件
☐完成面向新客户的企划案
☐在微博上写一些基于兴趣的读书心得
☐做练腹肌的动作 100 次
☐转入研讨会费

这一阶段，也可以不对工作内容做颜色区分，只需要用黑色签字笔或铅笔写出内容即可。如果只能是在上班途中争取时间的人，用收费记录软件来把邮件发送给自己就可以。只需考虑制作一个漂亮的表，因此不用管工作内容的多少，先写出来才是关键。

一般一天的工作内容基本由 5 个部分组成，因此如果头脑中确实想不出来什么，那么不妨将以下 5 项制作妥当：

（1）需要联系的人。

（2）今天要做的具体项目。

（3）未来想做的事。

可以不管时间轴，写下一天的工作内容（如果早上的时间已经程序化，早起时间已经固定，就没有必要再写）

（4）提出的课题。

（5）想看的书和资料。

以我为例，我一般都是利用手账的竖轴部分，不太管时间轴。手账一般都是以早上4—9点为时间轴的手账，但是本书最后一章所介绍的早起关键点，是让早起成为习惯，那么早上工作计划以外的作业（比如几点起床、几点吃早餐）就没有必要一一列入。

如果没有什么思绪，可以用"早报"来准备

如果早上就有做工作计划的精神气力，不妨使用"早报"来做准备运动。所谓"早报"，是朱里安·卡梅隆（Julia Cameron）所著《做一直都想做的事情》一书介绍的方法，具体来说就是用早上的时间制订 1 天的计划时，只写 3 页就好。

写什么都可以，就是把自己的思考原封不动地释放出来。不需要顾虑再三，只需要想着写满 3 页就好，把自己内心最坦率的想法交给纸和笔。

"早报"就是无须思考结果，只要顺心表达即可。这样的话，我们的思想就会顺势扩散开来，那么空白页中"今天想做的事"或"应该做的事"就会自然呈现出来。

以此类推，"今天做什么""本周做什么""本月做什么""以后做什么"，就会逐渐明晰起来，不用费心思考就有了结果。

也就是说，"早报"是一个开放的方法，能让自己头脑中的东西显露出来，然后进行内容划分，那么"现在想做什么""本周应该做什么"自然就水到渠成了。当你犹豫不定思虑含混时，我建议使用这个方法。

第三章

利用早起，提升工作效率

第一节
定好优先级，有效增加可支配时间

对所有的事情，先按照以下 4 种颜色进行区分（具体参见第一章第五节）：

1 不紧急 × 重要："**播种**"的红色。

2 紧急 × 重要："**收割**"的绿色。

3 紧急 × 不重要："**疏苗**"的蓝色。

4 不紧急 × 不重要："**风干**"的黑色。

这样一来，从视觉上就容易看出优先顺序。在还没有习惯颜色区分之前，可以先用黑色签字笔将一天的工作内容写上，然后用不同颜色标注下划线，或者用不同颜色标"○"，

不紧急	紧急	
播种 红色 **1**	收割 绿色 **2**	重要
风干 黑色 **4**	疏苗 蓝色 **3**	不重要

用马克笔做记号就可以。

　　这里的关键，就是即使刚开始有些疑惑，也要在写的时候定好优先度。

　　当然，大家可能有疑惑、弄错的时候，但是我们需要反思的地方也可以通过颜色来判断，因此这种方法比只用黑色要直观得多。只要习惯了颜色划分法，发送邮件那种需要立即处理的事情，或者需要花点时间来做的事情，就可以通过颜色来轻松把握。如此，我们就能加快对事情的判断速度，从而增加自由支配的时间。

具体来说，可以参见以下说明：

共同的 "播种"（红色）

为了维持身心健康进行投资、健康管理、运动、家人、恋人、亲友、导师等对自己来说十分重要的人或事。

工作 & 工作志向 "播种"（红色）

为了将来发展或提升公司价值而做的方案，比如新商品开发、其他公司的动向调研，以及和调查、计划、学习相关的东西，还有提升评价的自我投资，掌握自我发展的必要技能。

工作 & 个人志向 "播种"（红色）

提升个人兴趣，高效完成公司工作，集中时间做一些和自己兴趣相关的事，并提升自己在该方面的技能。

工作 & 第二职业志向 "播种"（红色）

先暂时放下手头上的工作，考虑自己今后的职业发展。然后思考如何提高工作效率，为做副业腾出时间，并以现有工作为基础和依托，探索发展副业的途径。

工作 & 投资志向 "播种"（红色）

研究如何让钱生钱。研究股票、不动产市场以及有市场价值的领域，向该领域的成功者学习。

接下来，"收割"（绿色）、"疏苗"（蓝色）、"风干"（黑色）与上述所讲的东西是一个道理。

"收割"（绿色）

此项和目前的生活、工作有直接关系，比如和重要客户之间的联系，已经决定了日期的提案以及重要的会议资料。

"疏苗"（蓝色）

不做也不会产生太大影响，但是基于目前的状况，还是

4 月 8 日 今天工作
☐查阅早上的邮件
☐回应 B 公司的问题
☐完善例会议题
☐出席例会
☐完成会议记录
☐完成报单
☐和 A 吃午饭
☐查阅下午的邮件
☐完成面向新客户的企划案
☐在微博上写一些基于兴趣的读书心得
☐做练腹肌的动作 100 次
☐转入研讨会费

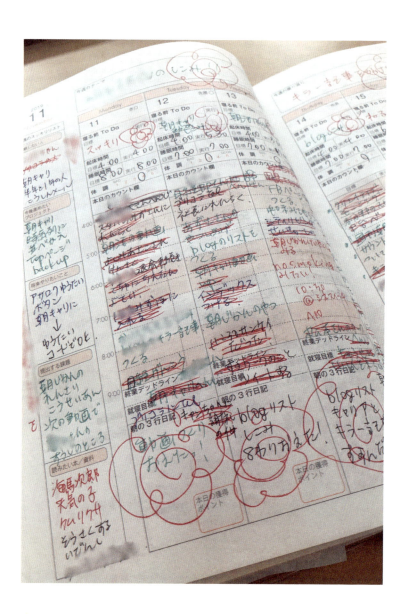

抽空尽快将其完成，比如并不是很着急的电话、邮件，以及其他一些抽空就可以集中完成的事项。

"风干"（黑色）

做不做意义并不大，可以暂时停下思绪，比如杂事、打发时间的事。

确定优先顺序既不失礼也不麻烦

对于优先顺序的确定，有的人可能会觉得无法对对方的决定做出优劣抉择，或者没法明确偏袒，因此不想做决策。要知道，如果想在任何人面前都做一个好人，那么你的压力就会增大，同时以模棱两可的态度和对方交往，难道不是一种失礼的行为吗？要想清楚为了别人而牺牲自己的时间是为了什么，你是基于什么样的标准来进行决策和判断的。对于类似这样的问题，通过颜色划分来进一步明确，你每天的选择就会有充分的理由，思路也会清晰许多。

当然，当确定优先顺序并付诸行动时，我觉得应该让自己以自由为导向，而不应该让自己觉得窘迫不已。不要迷茫，按照正常节奏所决定的结果，一般都会在你自由发挥的时候留下余地。当有意识发挥到了极致，就到了无意识的境界。因此，我们应该按照要求有意识地去做。

有时候很多人会说"让我看看您的手账"，然后不断感叹"太厉害了"，言下之意就是让别人觉得他们自己做不了这么详细的计划。其实看起来详细，但操作起来的话就是"写出来—分颜色—做'播种'（标颜色）"这三步，非常简单。

第二节
用"分解术",切割工作内容

颜色划分完成后,就要进一步细化**"播种"(红色)**部分的内容,使之具备可以落实的条件。如果觉得相关内容一天之内无法完成,那么安排在未来一周也没关系。

比如,某投资公司的员工想对新客户做一个调查咨询,然后以此为基础制作新提案。这项工作虽然不是很着急,但是会影响到公司的销售额和贸易市场的扩展。接下来,就需要做一个面向新客户的企划案:

☐了解新客户的诉求
☐确定目标

□制作基本的企划案

□把对方可能提出的反驳和质问列出来

□准备应答客户的问题

□确认会议举办的日程表

□确认必要参会的员工

□将基本的企划案向领导汇报

□开始准备资料

□对资料进行核查、修正

□进行提案预演

□分颜色印刷 3 份资料

按照上述步骤进行分解，那么当时机（"收割"）到来时，按照每一步推进即可。这样，做事的心情也会轻松，至于哪些事情自己能做，哪些事情自己做不了，也都清晰可见。

比如，你"了解新客户的诉求""确认必要参会的员工"，然后知道了想过来参会的人员需求，并"分颜色印刷 3 份资料"。你会发现有了这样的流程，就是交给其他人去办也可以。即使是自己一个人来做，也会有自己正在做曾经做起来很被动的事情、这个事只有自己能做等想法，那么你今后的工作方式就会发生改变。

此外，对细化了的工作顺序进行记录，在回头反思的时候就可以找到哪些准备做得好，哪些还不完善，那么在下次提案时就不用花费太多时间。

可以说，养成这样的工作细化方式，就会从虽然忙得不可开交，工作结束后却看不到任何成果的徒劳中解放出来。

因为分解后的步骤很小，做了一天工作，不可能一个都消化不掉。这种方法不仅仅是"播种"，也会经常被用于"收

4 月 8 日 今天工作	面向新客户制定的企划案
☐查阅早上的邮件	☐了解客户的诉求
☐回应 B 公司的问题	☐确定目标
☐完善例会议题	☐制作基本的企划案
☐出席例会	☐把对方可能提出的反驳和质问列出来
☐完成会议记录	☐准备应答客户的问题
☐完成报单	☐确认会议举办的日程表
☐和 A 吃午饭	☐确认必要参会的员工
☐查阅下午的邮件	☐将基本的企划案向领导汇报
☐完成面向新客户的企划案	☐开始准备资料
☐在微博上写一些基于兴趣的读书心得	☐对资料进行最终核查、修正
☐做练腹肌的动作 100 次	☐进行提案预演
☐转入研讨会费	☐分颜色印刷 3 份资料

割"阶段。

面对一些十分紧迫却腾不出手来做的事，每个人都会有逃避现实的时候。逃避现实，很大程度上就是因为不清楚要做什么、从哪里开始做以及如何来做。将"收割"部分进行细化，使之成为切实可行的状态，也完全属于顺利推进今后工作的完美"播种"。对此，也不妨尝试"早上1小时"的方法。

无论是工作还是个人生活，通过对相关内容进行细化，基本上可以客观预测事物发展的轨迹。比如，有的工作即使一天不能全部完成，大概也能知道完成度。这样的话，自我认同感就会增加，也不会因今天没做完而一蹶不振。

即使一天的工作没有全部做完，但是通过早上时间的"播种"，也能体会到今天完成了一件大事的收获感。

第三节
"一事一纸"，让工作更清晰明了

关于"播种"部分的分解，我建议采用"一类播种用一张纸"的方式。如果使用专用笔记本，可以采用"一类播种占一页"的方式。如果一张纸上写了几个"播种"内容，不仅难以弄清哪件事进展到哪里，而且还会让人感到十分拥挤，进而产生一种心理压迫感，阻碍自己的工作干劲。定好"一类播种用一张纸"的规则，那么只要数一数纸张的个数，就可以了解"播种"的内容。

分解这类"播种"，在纸张上罗列内容需要一定时间去习惯，因此用早上1小时无法完成的时候，可以分几天来适应。此外，某些工作一天之内无法全部完成也比较正常，因此也无须期待每一天都那么完美无缺。

用"早上1小时"制订好工作计划，接下来面对的就是将该计划付诸实践的"播种"。如果习惯了"播种"部分的分解，将自己要实现的目标及所需时间写下来，那么就会对今后的工作发展有清晰的认识，相应的对策也会有针对性。

比如，定期召开的小组会议上，每次由谁做固定的工作，就可以做一个小册子来使之固定化。这样的作业就相当于"播种"。此外，最后一栏的"所需时间"，也可以调整为"责任人"。

工作内容	要做的事	所需时间
计划总结	☐ 制订假设计划	30 分钟
	☐ 对假设计划的材料进行整理、阅读	2 小时
	☐ 在网上搜索相关关键词	5 分钟
	☐ 进一步完善计划	3 小时
	☐ 将企划资料的大纲写在笔记本上	1 小时
	☐ 思考企业的优势	20 分钟
	☐ 考虑对方会提出哪些问题	1 小时
	☐ 收集相关数据，以应对对方的问题	30 分钟
	☐ 进行预算	30 分钟
	☐ 制作实施计划表	30 分钟
	☐ 制作工作任务表，明确具体责任	30 分钟

一类播种用一张纸，一项计划完成就用红线画掉，这样会获得满满的成就感

早上活动 　　**开场前部分（—9:00）**

工作	具体事项	责任人
星巴克喝咖啡	去星巴克拿咖啡 & 点饮料	
布置会场	提前拍照，便于会后恢复现状	
	前面准备 3 把凳子	
	每把凳子上都放好日程计划表	
	在会议室设置一个哺乳间或行李放置间	
	（放 1 把凳子）	
取外卖	支付 8:30 送来的外卖费	
整理书籍	在容易找到书的地方做装饰	
引导到 3 楼电梯前	如果电梯空的话可以继续引导，告知洗手间位置	
接待	接待后送给对方茶点，给有需要的人开发票	
咖啡 & 引导入座	引导相关人员入座	
回复紧急电话	回复打来的电话	

第四节
细化工作，付诸行动

有人担心要细化一天中的所有工作就要花去一天时间，一小时根本不够。这种担心其实没有必要。细化工作的目的在于使之付诸具体行动。也就是说，没有必要特意对那些如同自然呼吸一样流畅的工作进行再细化。需要细化的内容，只存在以下几类情况：

（1）对是否还有更好的工作方法、这种方法是否得当等心存疑惑而尚未改进。

（2）想安排到自己今后生活中的事情。

（3）想进行但尚未付诸行动的挑战。

（4）尚未确定工作顺序且心思不定的事情。

（5）总是花费自己业余时间的事情。

也就是说，要认识到我们需要细化的是那些非常重要而尚不知如何入手、自己比较在意而不知如何推进的事情。

不过，有些人会对颜色划分或者细化法心存疑惑。对此，我们整理了一些问题仅供参考。

找不到播种的"红色"怎么办？

具体问题1：努力对一天的工作进行了颜色划分，梳理出了"收割"的绿色、"疏苗"的蓝色和"风干"的黑色，但就是找不到"播种"的红色。因此，对自己一天的工作感到很惊讶。如果找不到播种内容，该如何是好？

建议：按照基本规律，"播种"的红色比其他颜色要少，这是理所当然的事，没有必要过于担心。一般来说，"收割"的绿色会占总体的7成，其他颜色各占1成，所以一天的工作没有找到对应的"播种"不足为奇。但是还有一种情况，就是有的人往往由于自己的粗心，觉得此事无关紧要而没有发现。因此，无论是大事还是小事，大家都应该在早上的时间去认真发现"播种"。

此外，有的人就是想着"寻找今天一天的播种"而没有将内容写完，以至于下周、下个月甚至来年的"播种"，都如此这般不断堆积。为了尽快结束"收割"，明确具体工作程序的做法也属于"播种"的一种，因此如果此前没有发现，就可以从这一阶段开始寻找。

邮件查阅用什么颜色？

具体问题 2：在海外工作存在时差，如果早上没有及时查阅从海外收到的邮件，就无法对工作进行颜色划分。那么，邮件查阅相当于"收割"的绿色还是"播种"的红色？

建议：查阅邮件可以在早上获取信息，在一天的工作安排中尤为重要，因此将其作为"播种"并无不妥。

但是，邮件内容有的需要立即处理，有的可以不用着急，习惯之后就知道相关内容对应什么颜色。处理邮件所需时间根据邮件内容不同会有变化，但是按照自己的风格在限定时间内来做，就能灵活处理。

比如：

迅速看一眼邮件的内容，判断其紧迫性和重要性——"播种"的红色。

分类处理——"播种"的红色。

个别处理——"收割"的绿色。

为什么每天都忙于应付"收割"业务？

具体问题 3：每天都工作，但每时每刻都疲于应付"收割"业务，即使想尽早对其进行处理，使其转移到"播种"的红色，但仍然"收割"堆积，以致没法对重要工作进行处理。

建议：每个人都可能会遇到"收割"堆积的烦恼。对此，要对一定时期内的"收割"内容有总体的把握，然后进行区分，制作成相关的进度表。这里的区分，就相当于"播种"。

以我为例，就一直灵活运用《早起手账》中的"本月总结表"。主要包括：

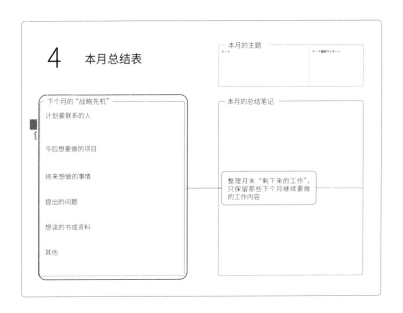

（1）想联系的人。

（2）今后需要推进的项目。

（3）将来想做的事。

（4）提出的课题。

（5）想看的书和资料。

（6）其他关心的事情。

审视手账中的上述内容，月末的时候对其进行整理。对于那些即使一个月不处理也不会出问题的事项，可以果断地先放下。如果放下后出现问题，只要将其捡起来即可，这样就不会出现意外。

就像整理衣服时，扔掉几件两年不穿的衣服也不会影响生活一样。所有堆积起来的"收割"内容，也并非需要全部处理。时间久了，"收割"的绿色就会降格为"风干"的黑色。因此，一个月整理一次就可以，这样也不会造成心理负担。

不太清楚如何区分"收割"的绿色与"播种"的红色

具体问题4：很多人不太清楚如何区分"收割"的绿色与"播种"的红色，这可能和紧迫性的定义因人而异及其模糊性有关。那么，怎么做才不会不清楚呢？

建议：如上所说，所谓紧迫性，会根据每天的情况而发生变化，这具有很大的主观性，因此不容易区别反而在情理之中。同一件事情今天属于"播种"部分，明天就可能转变成"收割"。"收割"就是"紧急 × 重要"，因此一般人都认为要快速处理。这时候，要根据自己的志向来判断，如果还不清楚自己的志向，那就先从这里开始（工作＆工作志向、工作＆第二职业志向、工作＆投资志向、工作＆个人志向）。

此外，颜色区分之所以重要，并不是注重区分与否的正确性，而是可以在瞬间确定哪个是"收割"的绿色，哪个是"播种"的红色。因此，不太清楚的时候只要按照分类来判断即可。（做好了颜色区分，如果颜色划分有误，以后回头再看的时候就可以依靠颜色来协助反思。）

不过，如果无论如何都觉得急迫性的感觉没那么清晰，那么就按照自己的方式去做："三天以内完成就可以视为收割"或超过三天就算作"播种"，以此做好时间的设定。

"播种"的红色之中，渗入了其他颜色怎么办？

具体问题5：在细化"播种"内容时，会细化出重要性和紧迫性很高的内容，也会细化出重要性和紧迫性较低的内容，这就像套匣一样，"播种"的红色之外渗入其他颜色，如何处理？

建议：对"播种"内容细化后，其中就可能渗入了"收割"的绿色或"疏苗"的蓝色，从而产生套匣一样五颜六色的状态。因此，按照"早上1小时"所确定的内容划分就属于"播种"的红色，而具体的内容划分，也就可以是"收割"的绿色或"疏苗"的蓝色。

对竞争对手的公司进行调研，应划为哪种颜色？

具体问题6：对竞争对手的公司主页进行调查了解，这样的工作应该划为哪种颜色呢？

建议：从大的方面说，为了开拓新业务而进行相关投资，这属于"播种"的红色，但是大体上浏览对方主页并没做出什么决定，对主页内容也不十分了解，只是花了些时间而已，那就可能属于"风干"的黑色。因此，对"播种"按顺序进行细化就显得十分重要。比如，我们可以做以下尝试：

（1）决定获取竞争对手公司哪些信息。（"播种"的红色）

（2）做好比较表格。（"播种"的红色）

（3）通过特定的关键词检索获取信息。（虽然是杂务，但不调查就无法做，因此属于"疏苗"的蓝色）

（4）填充比较表格。（如果仅仅是填充内容，那谁都可以

做，因此属于"风干"的黑色）

做好这些，套匣部分的内容就会自然出现，而将现阶段的调查视为"播种"即可。（在有余力的情况下，对应该细化的内容进行颜色标识，就容易辨别做事的先后顺序）

业务中比较着急的谈判该划分为什么颜色？

具体问题7：比较紧急的业务谈判，应该归为"收割"的绿色，还是"疏苗"的蓝色或"风干"的黑色？

建议：这样的谈判业务，如果从对方来说就是"收割"的绿色，但是对你来说有可能是"疏苗"的蓝色或"风干"的黑色。颜色划分的目的在于让自己切实感受到工作的完成度和充实感，那么以"自己如何感觉"进行划分就可以。

比如，本来认真沟通就能避免的投诉突然发生，这时从产生二次时间和精力的耗费来说，有可能就属于"疏苗"的蓝色。

正如前文所说，颜色划分之所以重要，并不是注重区分与否的正确性，而是要根据不同场合、不同情况来判断决定。因此，你要依据具体的情况，做出对应的分类。

第五节
时常盘点，避免工作残留

前文以问答的形式已经提到，即使忙于"收割"，想将其转移成"播种"的红色，也仍然有很多"收割"的绿色堆积起来给人造成压力。对此，可以以每周、每月、每3—6个月为周期，对自己的工作进行盘点，努力完成那些久拖不决或难以入手的事情。

比如，我就是使用手账中的明细表，利用每周一"早上1小时"中的30分钟来进行此项作业：

(1) 想联系的人。

(2) 今后需要推进的项目。

(3) 将来想做的事。

（4）提出的课题。

（5）想看的书和资料。

　　一周之后，还有大量需要处理的内容，那么就可以轻而易举地看到哪些事情完全没有进展。在这一阶段，就需要判断要不要把这些事移到下周去办。此时，如果觉得有些事不

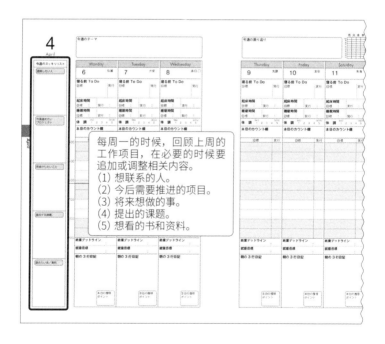

每周一的时候，回顾上周的工作项目，在必要的时候要追加或调整相关内容。
（1）想联系的人。
（2）今后需要推进的项目。
（3）将来想做的事。
（4）提出的课题。
（5）想看的书和资料。

4 本月总结表

本月的主题
テーマ

テーマ達成

下个月的"战略先机"
计划要联系的人

今后想要做的项目

将来想做的事情

提出的问题

想读的书或资料

其他

本月的总结笔记

整理月末"剩下来的工作"，只保留那些下个月继续要做的工作内容

做也可以，那就干脆放弃。

相反，如果决定继续做，就不要因这些剩下来的工作让自己失去干劲，而是要调整"战略先机"与重心，将这些内容转入下一周的新计划中。同样以此类推，一个月结束的时候，也可以重新审视一下工作的总体情况，对其进行清理盘点。

通过这样的做法，你就不会对某些无法完成的工作心存自责，而是会有针对性地选择应该重点推进的工作，然后果断地做好取舍。

每周重新组合，将工作转变为"战略先机"

越是认真的人，有时做事越容易陷入胶着状态而延误工作，最后产生大量残留工作。要知道，这对他们来说会有一种压迫感，就算一天没有做完都会睡不着觉，因此他们往往会拖着疲惫的身躯工作到很晚，结果回家的时候又发现某个问题计算有误。我想，这样的人不在少数。对此，我建议调整好"战略先机"。

工作划分的关键，就是要让没做完的事情成为被关注的焦点。

我反复提到，如果工作处理不完，应该是存在一些特殊的原因。有可能是本身就不怎么喜欢去做，或者每天循环往复没有什么结果。对那些没做完的事情，要弄清楚对自己来说是否必要，是否应该果断放弃。

如果是无论如何也不能放弃或者不想放弃的工作，那就得调整好"战略先机"重新挑战。

制作"剩余工作表",目的是将每月都想去做但最终没有做完,或者不用做完也不会造成影响的工作内容记下来。不过,"战略先机"可以舍弃那些让人犹疑不定的工作内容。这样的话,就会有意识地选择自己应该做或一直坚持去做的事情,而不会因为做事拖泥带水导致无法完成。实际上,这种方法是美国芝加哥大学一项名为"AI: Appreciative Inquiry"(欣赏式探询)的研究成果,我只是从朋友那里直接学来而已。也就是说,适时调整工作重心,行动就可能走向更好的方向。

实现 80% 的目标就可以

如果刚开始就想着按照十分完美的工作计划去推行,那么如果一天的工作没有按计划完成,就有可能失去自信,放弃自我。对此,我们不妨将目标定为努力目标任务的80%。

比如,努力了一周,万一哪天没有完成既定目标,也可以放在周末去弥补。

再如,以一周或一个月为周期进行工作反思,在必要的时候调整"战略先机"。

我觉得这是我们工作动力的关键点。如此一来，如果平时工作有所欠缺，周末还可以尽量弥补一下，或者如果本周还有遗憾，那么下周努力完善，这样就不会让人失去干劲。我们不妨以一周为周期，先行尝试。

第六节
用思维导图，对工作进行宏观把握

　　每天的"早上 1 小时"工作划分，是处理当前工作的思维方法。然而，如果每天都这么处理，就容易失去对工作的宏观把握。比如减肥、学习语言、资格考试、听讲座等，每天的积累固然很重要，但是一味埋头苦干，就会在不知不觉中混淆了手段与目的，忘记为什么这么做，为谁而做。

　　"早上 1 小时"的工作划分如果仅仅专注于细微之处，就会忽视客观状况的变化，认为只要做好当前的工作就好，从而将手段视为工作的目的。为了防止这一问题，每3—6个月就要灵活使用思维导图或工作进展图，做到有的放矢。

　　思维导图是英国著作家东尼·博赞所倡导的思维整理方法，该方法会在中心设置关键词或想法，以辐射线形连接所

思维导图

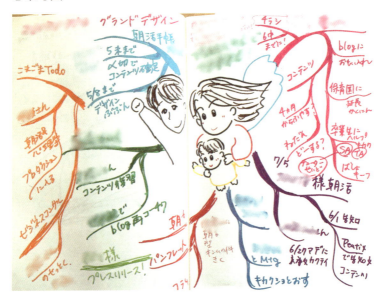

将思维导图的分支作为工作细化图

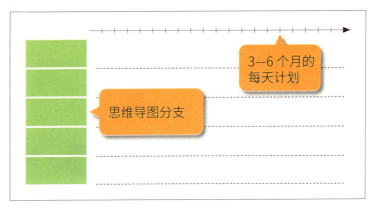

有的关键词或想法。具体操作可参见《思维导图》一书。我一般是在中心放一个"大设计"（Grand Design），然后向四周辐射。

在这样的操作中，"谁""干什么""干到什么时候""怎么干"都是明确的，然后以此为基础制作工作进展图。所谓工作进展图，就是工程管理中用到的一种表，也常常被用于工作当中。如果有 3—6 个月的周期性手账，也可以代用。

思维导图可以开拓思维，此后具体操作可以借助工作进展图。这样的话，"早上 1 小时"的工作划分就会轻而易举，当然也不会混淆了手段和目的。

工作的细化，可以具体分为思维导图—工作细化图—早报—"早上 1 小时"。对此，大家不妨尝试以"早上 1 小时"为基础落实每天的习惯，然后对总体方向进行定期把握。

逆向思维的陷阱

我们所介绍的"早上 1 小时"工作划分方法，是一开始确定目标，然后向着目标推进的积累型，而非逆向型。

为了让人生更加美好，有时候逆向思维可能会成为梦想的阻碍。此前说的以 3—6 个月甚至一年为单位，可以站在高处宏观把握工作目标，对此没有必要再做缜密计划。如果相关计划过于紧密，就会轻重颠倒，让自己束缚其中，进而有可能让美好的未来从自己的手中意外溜走。

3年或5年后，现在公司会发展到多少家谁也不确定，在这样的时代预测未来，难度可想而知。在将来有了经验和辨别能力后，发现被过去设定的缜密计划所摆弄，也绝非什么好事。

斯坦福大学的约翰·克兰鲍尔教授认为，职业形成的契机80%属于偶然性的，而如何把握这种偶然性才是掌握未来的关键。正如本书所提倡的那样，要根据人生不同阶段以及立场的变化来确定自己的志向，哪里是横坐标，哪里是纵坐标，都要依据情况来制订柔性计划。

按照以下顺序，图像的"分辨率"就会更高

思维导图　　　　　工作细化图　　　　　早报　　　早上1小时

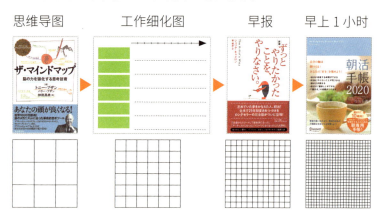

第四章

早起不会背叛你，
扫除精进路上的障碍

第一节
没有干劲

我们在前文介绍了起床后前 30 分钟的"播种"分解法，本章将针对遇到困难问题时的应对方式，以及如何规划和工作、未来发展有关的"播种"进行说明。

没有干劲时，让"不写自明"成为习惯

在践行"早上 1 小时"工作划分法的过程中，有可能会出现不进行工作细化就干劲下降的局面，这大多都是因为工作内容太过庞大。

这时，让"不写自明"成为习惯，就把握住了工作细化

的关键。

　　对此，我且以整理家里不同场所为例一一分解：

　　(1) 收拾客厅。

　　(2) 收拾厨房。

　　(3) 打理书房。

　　(4) 清理浴池。

　　(5) 打扫孩子的房间。

　　(6) 整理壁橱。

　　按照不同场所进行分解，工作变成了 6 种。在这 6 种工作中，每做完一种，完成的时间都不少，所以完成效率清晰可见。

　　在此基础上，将上述每一步的动作方式进行细化：

　　(1) 扔掉不需要的东西。

　　(2) 把凌乱的物件放到原来位置。

　　(3) 使用清扫机。

　　(4) 借助擦拭器。

　　按照做家务的动作方式进行分解，那么家务流程数量至少会变成"6 个不同场所 × 4 个动作方式 =24 种"。

如果照此做成表，一个也漏不掉。通过这种方法，工作的完成率就能计算清楚，其中哪些已完成，哪些还未完成，也都可以具体分析。这样一来，你就会在工作中体会到不同的成就感，自我的肯定也会随之上升。

如果你的工作干劲有所减缓，那么对于那些看似不用写就能记下来的细节，也要毫不犹豫地罗列出来。

比如扫地，虽然有一套自己的方式，不用写在本子上也能记忆清晰，但是为了凸显你的成就感，不妨写下来对照着看。你一点点地完成写下的内容，就会切实感受到自己的工作在一步步前行，而自己聪明的头脑也可以暂时被放在一旁。

细化工作流程

第二节
总是拖延

我在前文已经讲过，志向（工作 & 工作志向、工作 & 个人志向、工作 & 第二职业志向、工作 & 投资志向）不同，工作的优先顺序也有差异。但是，仍然有很多人不知道把自己定位到哪种类型，也不清楚将来何去何从。

为了摆脱这种状态，通过"早上 1 小时"来把握可控的事情，就可以确定优先顺序。这就是大家应该"播种"的内容。对此，我们不妨将头脑中的不安释放出来，然后从外眺望，将这些烦恼和压力进行可视化分类。

按照顺序，分为以下三步：

（1）将烦恼不安的原因随机写出。

（2）做个坐标轴，用横坐标表示时间，纵坐标表示能否解决，对每种烦恼进行分类。

（3）先不要担心那些自己暂且解决不了（无法控制）的烦恼，要对那些发挥主观能动性就可以解决（可以控制）的烦恼倾注心力，然后思考解决方法。

这里的关键，是不要刻意考虑问题的顺序或烦恼的大小，在大脑清空之前随机写出相关内容就好。

比如：

· 无法承担需要负责的工作。

· 公司可能要倒闭。

· 上个月工作太失败，造成了心理创伤。

· 公司内部结构重组怎么办。

· 这样下去，连个男朋友都找不到了。

就像这样，无论是公事还是私事，都随心所欲地写下来。然后，按照下表那样，将刚才想到的或写下的内容贴在相应位置。

这么做的好处，就是可以站在客观的角度，审视那些动脑也无法想出解决办法的问题。

在现实生活中，我们可能会为已经做错的事情感到后悔，可能会对尚未发生的事情心怀不安，只要想起那些靠自己怎么也无法解决的问题，就会烦恼不已。

比如，同事比自己更早获得提拔这件事，自己想来想去就是想不出个所以然，而同事获得提拔这件事是无法推翻的事实。对此，不要彷徨犹疑，主动去分析同事受提拔的原因，

烦恼和压力的可视化事例

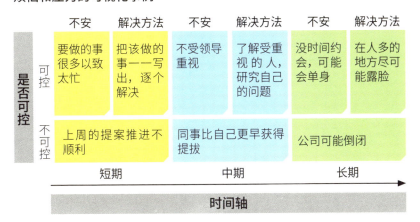

心态就会积极，而不至于心生妒忌。

这样的话，对那些心里明白但易受情感影响的事情，通过"早上1小时"便可梳理心绪，激发自己前进的动力。当然，像天灾、经济不景气等往往无能为力的事情姑且不论，对于可以解决的问题要竭尽所能，努力做好。对此，我们不妨定期尝试，检验效果。

最后，横坐标是时间轴，可以先思考短期内容易解决的问题，头脑就会慢慢变得清晰。按照这种节奏，然后再制订中期、长期计划，努力解决其余问题。

第三节
感到迷茫

当一个人先入为主地觉得自己在现在的单位不能发挥自己的实力或这样的工作并非我真心追求时，就无法树立正确的人生志向，当然也会对计划安排上的轻重缓急感到迷茫。这时，不妨先做好以下两种"播种"：

(1) 把自己感到心有郁结的事情写出来。

(2) 把自己觉得理所当然可以做的事情写出来，然后确认周围人是否会说"真厉害"。

对此，我们依次详细说明。

1. 把自己感到心有郁结的事情写出来

之所以要把自己感到心有郁结的事情写出来，是因为自我感觉的困难中，往往隐藏着巨大的能量和价值。我们通常所说的某某专家，并非仅仅是因为他们在某个方面十分厉害，而是因为他们有困难意识，所以在相关领域具有系统化的知识或专业化的研究。比如，讲授高科技的人一开始并不"高"明，因此拼命往"高"深化方面研究；我最开始不能早起，后来经过努力实现了早上工作的计划。

我的周围有很多人喜欢在人前指手画脚，却很不擅长理解别人的心情和立场。因此，真正考虑别人感受的人，也许他们没有考过什么专业资格证书，但可以成为人气很高的讲师。一开始似乎就能做好某事的人，觉得不用花费苦心就能得心应手，实则往往缺少能力。与之相比，那些觉得做不了但是想坚持做的人，反而能够在追逐的道路上越走越远。因此，即使心有郁结也没有关系，甚至可以说正是因为心有郁结，才可能让你转变成更加强大的自己。

一旦了解到心有郁结具有的大能量，就能够冷静地处理接二连三的麻烦事或失落感。因为视角发生了改变，每天就会在收获中感受快乐怡然。

你的平凡之处，可能就是别人感受到的伟大光辉。每个人的郁结，都可能转换成其擅长的地方。我们不妨把自己的郁结写出来，使其焕发正面的光彩。

2. 确认周围人是否会说"真厉害"

接下来我们看看当你写出自己轻而易举可以完成的事，周围的人是否会说"真厉害"。

对我来说，"早上1小时"早已成为习惯，可说再平常不过。因此，我并没有在意与别人有什么不同，只是坚持每天4点起床。

不知哪一天，"早上4点起床"成为茶余饭后热议的话题，大家纷纷目瞪口呆，询问我几点睡觉、为什么可以4点起来、怎么会起这么早，并感叹"真厉害"。

可见，自己认为理所当然的事，对别人来说也许十分困难。

需要注意，自己的"厉害"之处可能自己没有注意，你可以将"莫非是一种意外"这一感受告诉给周围人，再看他们的反应。

检测的指标，就是看看他们所说的"厉害"的程度。照此，你写出 10 个自己觉得理所当然能够完成的事情，然后与周围所说的"厉害"次数相比较来探究自己的强大之处。此外，你还可以看看自己在社交软件上的点赞数和转发数等。

如此一来，自己写出"早上 1 小时"应该"播种"的东西，就会从困惑和疑虑中解放出来。因此，大家一定要定期尝试。

第四节
不知道如何实现梦想

工作 & 工作志向、工作 & 个人志向、工作 & 第二职业志向、工作 & 投资志向……不管是哪种类型，找到最有助于未来发展的选项才算真正的"播种"。

因此，这种预设的人生积累到底是以"假想"结束，还是按照"预设"发挥作用，都可以通过"5W2H"为切入点来进行验证。"5W2H"分别是 when（何时）、where（何地）、who（是谁）、what（怎么回事）、why（为什么）、how（如何）、how much（花费多少）。大家应该在工作中听过类似的表述。除了工作之外，也可以假想到生活上。

比如，做以下假想：

- 你在海外有一套海滩别墅，你在别墅的阳台上欣赏着夕阳入海的美景，一边悠闲地喝着啤酒一边看书。
- 减肥成功，穿着此前根本不可能穿得下的衣服，露出优美的身体曲线，风光地走在银座大街上。

这时候，不妨细细地想象着梦想实现后身上衣服的手感、感受到的芳香、在高级酒店品尝的美食，就像提前感受到了现实中的舒爽。

想象美好的未来，让自己的心情变得舒爽之后，接着就是将其落实到具体的行动之中。海外别墅的悠哉生活按照"5W2H"具体分析，就会有以下感受：

- 打开地图或运用网络，从世界各地选择海外别墅候选地（where）。
- 分析那些候选地为什么好（why）。
- 思考几年后入手上述别墅（when）。
- 那时，自己和谁在一起（who）。
- 在那里买别墅，需要多少钱（how much）。
- 为了弥补现状和目标的差距，思考现在该怎么做（how）。

- 现实中，买别墅需要花费很多钱，再想想有没有其他挣钱的渠道（how）。

用"5W2H"法则尽可能细化上述逻辑，就会遇到一些难以想象的障碍，能认识到这些障碍就是很大的幸运。那么要超越这些障碍，我们应该怎么做？这样，我们的思考就会一步步地深入下去。当我们的"妄想"符合现实后，那么付诸行动的成功率就会大大提高。

像这样，将"how"部分进一步细化，你就迈开了计划的第一步，梦想也会由此靠近。通过"早上1小时"将"妄想"转化为习惯，其好处在于可以使愿望落实到具体计划。对此，大家不要犹豫，赶紧告诉你周围的人。

担心说了这样的话，结果没成功，真是太丢人了，或者害怕失败，于是让梦想止步于心中，这样好不容易到来的机会也会随之溜走。

释放自己的心声也许需要勇气。但是，认真做好时间规划，详细地进行分析，然后将自己的梦想具体化，就不用怕丢人了。即便失败，仍然可以依照此方法重整旗鼓。每天坚持"早上1小时"，无论何时何地都可以开始。

第五章

早起，遇见全新的自己

第一节
进行晨读

无论是工作 & 工作志向，还是工作 & 个人志向、工作 & 第二职业志向、工作 & 投资志向，晨读都是很好的"播种"。

读书的好处主要有以下两点：

（1）不受外部干扰，能够注意力集中。

（2）书中的知识无须积累，可以直接付诸实践。

因为晨读，我原本空白的大脑受到知识的滋养，而且体味到果断做事的甜头。晚上读书若有所悟，也想跃跃欲试，可是睡了一觉之后就忘到九霄云外，这样的情况并不少见。然而早上读书，可以集中精力，意识也不会被分散，如果想尝试就可以马上行动。从书本上获取的知识无须积累，可以直接吸取，这样可以提升你的多种技能。

技能的提升没有什么限制。比如，早上读到的杂志上，刊登了公司附近的一家美食店广告，那么中午吃饭就可以去那尝尝。这些小事，都可以成为我们"提升"的范畴。对此，我们不是选择什么时候去，而是决定今天就去，因此今后还会急需增加更多美食信息。这岂不是件十分愉快的事？

尽管如此，有些书适合晨读，有些书并不适合，所以不能不分领域、不加取舍地胡子眉毛一把抓。

比如，阅读恋爱小说和推理小说，重在体验那种惊心动魄的感觉，那么就可以在夜间边喝红酒或奶茶边细细阅读，才能品味其中的乐趣。也就是说，夜晚是释放情感的重要时间，面对小说中的情景，思考这到底是怎么了、如果是自己会怎么做，就是感受自我对话的快乐。读完之后安心而睡，情感就会得到梳理，自己也会变得成熟许多。

与之相反，晨读重在应用。因此，推荐大家阅读并吸纳那些和自己实际工作息息相关的信息。

从注重高效、提高工作动力角度考虑，那种技术类的书、杂志或者针对资格考试的教材等，相对就比较合适（为防止读书时犯困，要多动手，多用笔记本记录）。

如此一来，我们就可以根据自己不同的目标，阅读不同的知识。

晨读重在应用，夜读重在消遣

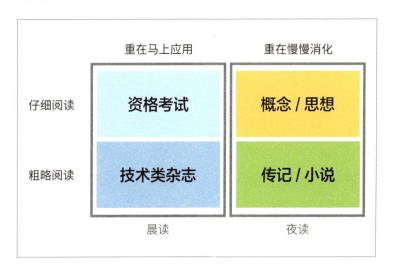

第二节
客观认识工作中的"暂时缺陷"

具有工作 & 工作志向的人，"早上 1 小时"期间往往都是在完成手头上的工作。对于这类人，我建议他们将带有"暂时缺陷"的会议资料或提案作为自己的"播种"。

不知道大家有没有这样的经历，就是会议资料或提案中涉及的某些长文，要么无法让人聚焦问题，要么过于聚焦让人钻了牛角尖。当回过头再看的时候，内容支离破碎，不成体系。因为，有的人是边写文章边吐槽，让自己完成的东西出现"暂时缺陷"。以我为例，我在执笔或连载时，有时也会一边写，一边留下"暂时缺陷"。具体来说，主要表现在以下方面：

当我在写文章时注意到理论飞跃时，并不是停下笔触。比如，注意到前后行文是否不一致、内容是否有所夸大、表达是否有不明之处、数据是否靠谱等的时候，只是用红笔加以标注。

因为这样，可以保证写文章过程中思路不被打断，文章也会一气呵成。写完之后回头检查，重点查看标红部分，对行文再行斟酌。也就是说，这一阶段的文章尽管有些疙疙瘩瘩，但文字数量充足，自然会有一种成就感。在此基础上，进行几次细心纠错，客观分析，文章就会更上一层。

这种做法，有助于对自己的认知更加客观，若干次的仔细检查，也会减少那些带有自我印记的不当语言。从时间上来说，晚上大脑容易疲惫，早上思维敏锐，做这样的工作相对更好一些。

第三节
确定工作与人生的优先顺序

在工作方式改革的有关演讲会上，我就如何借助"早上1小时"来确定优先顺序问题发表了看法。对此，有位参会者提出了相关问题："我对目前工作与将来有价值的工作、自己职业规划的优先顺序总是迷茫不清。比如，有个计划对公司和社会都是绝对的好事，我也想努力去做，但是与目前的业务没有直接关系，因此很难立即着手从事，这导致我焦躁犹豫。"

非常想从事那种觉得绝对好的工作，但是又放不下眼前的工作，真是令人恼火。

整日被现在的工作追赶着，完全没有精力从事有价值或者有利于职业生涯发展的工作，慢慢地，就会怀疑这样下去能行吗，从而心怀不安。但是另一方面，自己必须工作，没有决心递上辞呈，把眼前这份工作给辞掉。这时候，作为一种"播种"，就要从现实的不满中思考新的灵感。

比如，可以从以下两个方面出发：

（1）思考当前工作和未来工作的关系。

（2）思考绝对好的职业前景如何让公司接受，然后做成提案。

接下来我们详细说明。

1. 思考当前工作和未来工作的关系

不管如何，都要充分发掘对社会来说绝对好的计划与现在正在从事工作的价值，然后告诉自己，为两者构建关系。

比如，领导既然同意，那么为了证明未来的工作计划确实好，那这一年之内就先集中全力做好当前工作。

2. 思考绝对好的职业前景如何让公司接受，然后做成提案

还有一个办法，就是做好提案让决策者看。也就是说，你要让决策者了解对于公司未来的发展绝对好而且你也愿意努力投入热情的工作，会对公司带来哪些变化。

对此，你要重点考虑公司的"文脉"。所谓公司的"文脉"，一言以蔽之就是"是否挣钱"。因为公司是为了追求利益而成立的机构，如果你的对社会来说绝对好的提案不能挣钱，那就等于空中楼阁。因此，不妨借助"早上1小时"，让你的思路与公司下次的营销策略或者公司创业时期的经营目的挂钩，进而努力让公司实现利润的增长。

第四节
找到需要"播种"的内容

前文我们介绍了"早上1小时"工作计划法在企业研修、员工实践方面的作用，但是面向普通大众时，也会产生下列疑问：我完全理解优先顺序的重要性，但是我的工作属于辅助性质，根本找不到"播种"的希望。也就是说，这些人并没有感受到对他们来说属于需要"播种"的工作。这时候，该怎么办呢？

我认为任何工作，都存在需要"播种"的内容。如果先入为主地认定这个工作谁都能做或者压根不需要什么"播种"，那么你就会因此放弃思考，任由机会从眼前流逝。

此前，我也曾感叹自己的工作没有什么需要"播种"，并为此焦虑不安。当时在我看来，既然是在咨询公司上班，那么那些整理资料提供相关辅助的工作，并不属于咨询范畴。我想成为咨询方面的专家，当时却由于能力不足而浮躁不安。

由于每天要做几百张 PPT，我一度认为自己就像是材料制作机。由于当时准备资料这项工作除了咨询公司之外并没有其他公司会有这种安排，我就想着自己要不要辞职。

后来，领导的话让我改变了看法。他说："我们做的并不是简单的辅助性工作，而是维护公司品质的最后一道关卡。"

所谓咨询工作，就如同头脑中的虚拟商品。将这些虚拟的商品变得直观可见，就是我们的工作内容。正因为如此，制作出注重细节的、让人容易理解的完美资料，就可以树立这个公司的良好品牌。

理解发生改变，看待世界也会不同，工作方式也会发生变化。

当我重新审视自己的工作时，我终于发现资料的制作是企业经营战略的重要一环。通过深入了解这些资料，就会逐渐了解并把握企业的战略机遇。也就是说，对资料的深入了解，能让人认识到"这么做容易让人理解"，而相关呈现方式方面的提案，也就会酝酿而出。发现其中的意义后，心境就会发生变化，对公司的评价也会慢慢提升上来。

经常怀疑： **自己的工作属于辅助性质，不需要什么"播种"**

现在的工作没法胜任

能够胜任的工作有哪些？→ 经营？

为什么能够胜任经营？
→ 交际能力

经营能力能否应用到当前工作之中？
是否可以增加和顾客的接触？
是否可以在公司内部组个团队？

任何工作都需要"播种"

如果把自己的工作视为工作表，那么可能看到的只是"风干"的黑色和"疏苗"的蓝色。但是如果从价值来比喻，那么能使公司价值增值的工作就是"播种"的红色。

比如，精通现场工程的人不可能都被 AI（人工智能）或 RPA（机器人流程自动化）所替代。我们要明白"机器可以完成"和"没法交给机器去做"是两种不同的东西,以"自己的工作完全可以被机器所取代"与"自己的工作只有专人能做"的心态来从事相关工作,所体会到的工作意义与快乐完全不同。

我们要充分借助所在企业的平台和环境,努力实现自己想做的事。如果是这样的想法,那么每天的干劲都会是充足的。

如果觉得自己做的工作属于辅助性质而没有需要"播种"的东西,或者自己不能胜任,那么不妨使用"早上1小时"来思考自己能胜任什么,进而从中发现真正需要"播种"的东西。

第五节
让"收割"表成为"播种"的一环

从趣味出发，如何让家务和工作高效化？这样的思考，也是一种"播种"。

识别短时间或高效化的重点，就是如何机械地处理"收割"（绿色）部分。对此，我们不妨借助工作表的制作来实现高效化，将这视为"早上1小时"的一种"播种"。

在工作表中，要让数字呈现出具体化的东西。如果使用"根据情况"进行"必要应对"的模糊表达，那么做出的工作表会令人产生迷惑。因此，如果这个工作表无须什么判断，只要自己按部就班就可以操作的话，不仅会让自己在工作中轻松许多，还可以与其他人一起分享。

会议工作表示例：

会议阶段	截止时间	相关内容
会议内容	7 天前 7 天前 3 天前 1 天前	☐传达会议的目的、主题 ☐传达会议的预定日期 ☐定好参会人员 ☐打印好资料
会议准备	30 分钟前	☐确定印刷资料的数量
会议期间		☐说明会议内容 ☐确认决议事项 ☐确认各自的责任 ☐确定下次会议的主题
会后	当天	☐完成会议记录 ☐发送邮件给相关人员

个人工作表示例（育儿家庭）：

—7:30	—18:30	—20:10	—20:20	—20:30
早上起床后	回家后	床上	洗澡间	起居室
☐清洗奶瓶 ☐换下睡衣 ☐准备 100 毫升早餐奶 ☐补充通信录 ☐丢垃圾 ☐整理餐盘	☐烧开水 ☐解冻哺乳 食品 ☐准备 4 碗粥 ☐收衣服 ☐准备晚餐	☐准备 4 片 尿布 ☐矿泉水 1 瓶 ☐180 毫升 牛奶 3 瓶 ☐给加湿器 加水 ☐备好 1 条 枕巾	☐浴巾 ☐面巾一张 ☐爽身粉	☐换洗衣物 ☐贴身睡衣 ☐凡士林 ☐吹风机 ☐孩子的 换洗衣物

比如，每月一次的定期会议，会议前、会议中、会议后相关的计划以及工作内容是什么，都应该提前整理完善。

需要补充的是，孩子在未满 1 岁的时候，我就做好了属于自己的个人工作表。比如，早上起来之后……喝 100 毫升早餐奶 / 补充通信录 / 丢垃圾；回家后……烧开水 / 解冻哺乳食品 / 准备晚餐等，将具体的事项安排到固定的时间。这样一来，我和丈夫就能愉快地进行家务分工了。

第六章

做"神奇"的事，成为出众的人

6

第一节
将兴趣融入工作

即使没有考虑通过投资"不劳而获",但是很多人都曾想释放自己长期保持的兴趣来服务社会。这个时候,用社交软件来发送信息,然后组个小群,也属于自我"播种"的一种。

比如,用社交软件把自己感兴趣的作品发出去,然后和对此感兴趣的朋友交流,因为不涉及收费问题,只是为了看看对方的反馈,因此甚至还可以组个群,听听更多人的感受。现在,你只要在社交软件上面说一句"集合",很多人都会马上入群。刚开始主要是朋友聊天,后来可以发展到工作领域。这种方式简单便捷,门槛也很低。

特别是容易照顾每位参加者的不同情况,所以定期举办

"早上计划"就非常合适。即使你晚上没有什么计划，但是想到自己要早起主持，而且时间都定好了，所以不容自己拖拖拉拉。这样坚持，就容易形成习惯。有人觉得担任这种主持有些胆怯，你可以尝试先邀请朋友、知己，从轻松愉快的话题慢慢练起。

这里的关键，就是采取不那么正式的形式。

比如，你获得了和投资相关的专业资格证书，就可以考虑举办一个与之相关的"投资知识分享会"。这时，你的大脑就会像教科书一样梳理会议的内容，当你把经验讲出，就好比是把教科书上的知识分享给大家听。因为这是以你的经验为基础，所以相关观点都是来自你独特的东西。这样，你的分享就相当于每天在持续进行的教科书学习，相关的内容都在每日更新，至于下次讲什么就更不用担心了。

我就曾开了一个"早晨美食会"。这个主要是和大家分享美食经验，已经持续了 10 多年，而且今后还将继续办下去。

第二节
开始"试销自己"

有的人讨厌自己当前的工作，觉得自己活得不像自己，想从事自由一点的工作。正是有这样的想法，很多人都在着手寻找职场以外的其他工作。

对此，我希望大家明白，对自己来说"自由"是什么，"像自己"是什么，这样的价值观能否转化成严密的语言。

这是因为，要实现优游自适的工作状态，就要把握好自己真正需要做什么，然后确定好优先顺序，做好轻重取舍。

你一旦觉得现在的公司没有自由，就会开始不愿意思考。不过，就算是自己一个人无法完成的工作，如果公司赋予你更大的权限和预算，也完全有可能实现。这样想来，公司里的"自由"，其实还没有得到充分发掘。

要想寻找属于自己的自由，那么从此前的行为中发现自己喜欢什么讨厌什么，切实确认好这样的价值观，也是一种非常不错的"播种"。

很多人将自我分析仅仅视为就职面试或换工作时给面试官提供的材料，实际上要对自己做定期、彻底的分析才比较适宜。如果自我分析浅尝辄止，那么你每次都可能会犯同样的错误，无视必要的针对性学习而把精力浪费在别的事上，学习怎能转化成真正的成果？

那该如何是好呢？与其和外人比较导致焦虑，不如发掘自身的价值。具体来说，按照幼儿园、小学、初中、高中等各阶段来区分，写出"三大高兴事""三大悲伤事"。为什么令人高兴，为什么让人悲伤，写出来就会发挥应有的效果。回顾往事，看看自己有哪些废寝忘食的游玩体验和一直耿耿于怀的忧愤之情。

彻底卸下包袱轻装前行，就会逐渐发现：我喜欢接触什么样的人，做什么样的事；相比做第一人，我更倾向发挥能力，做那个第一人的辅助角色；自己的气质与其做商人，更适合做职场精英；相比团队合作，我更喜欢一个人默默完成。

这样一来，自己的职业规划和兴趣爱好就清晰多了。以前的工作，都属于自己职业规划的假设阶段，正因为处于这样的阶段，所以我不建议大家随便按照喜好和职业意愿去转岗或离职，大家首先要做的，就是挖掘现有工作平台的潜力，确定职业发展方向。

正如上一段所说，在现有的平台条件下，尝试一下自己是否属于喜欢辅助的角色、倾向于做职场精英或乐于一个人默默完成等特质。如果在现在的公司没有找到，那么再借助在其他地方、机会中所练就的知识来为自己的新职业探索新路。

这就是所谓的"试销自己"。假设自己发展的方向性，然后做个小小尝试，进而再行调整，这样就会重点关照到自己的喜好和自我发展中的价值观问题。大家不妨尝试一下这个颇为有趣的试验。

第三节
尝试"多管闲事"

　　在发挥自己强项的副业解禁时代，我建议大家所要具备的"播种"，就是将那些容易出问题的地方或者轻易地被视为闲事的东西写成文章。

　　实际上，"看了令人着急"或"是我的话就能做好"的事，也就是只有你才能解决的问题，往往隐含着专业性。可以利用早上30分钟，将那些容易出问题的地方或者轻易地被视为闲事的东西写成文章。

　　以我为例，我常年从事准备提案资料的工作，因此在通勤期间，习惯上会将车内广告、杂志广告等作为我提案的视点。那些过长而整理不当的文章、不怎么搭调的配色和设计，看过之后我都可以在大脑中挦好。类似这种顺手可为的事情，完全可以为你的"工作＆第二职业志向"选择提供灵感。比如：

- 你觉得那些做得不好的事为什么觉得做得不好，然后用自己的专业知识来解释。

- 从 before 到 after，如何改变才好。

首先写成文章，然后上传到社交软件上。当然，要做相应的保密设置。

比如，那些擅长美容或化妆的专业人士，可能都会下意识地关注街道上行人的眉毛。也许在他们看来某种脸型和哪种眉形才是绝配，如果眉形画得不对就会大煞风景。他们会带着某种遗憾的心情，觉得别人怎么做才算是正确的。按照这样的经验和评判来写文章，你就很有可能找到自己的突破口。

此前，我和一位做编辑的好朋友聊天。在她看来"只有某些人才能做好某些事"，是因为她觉得美术馆里的解说文字总是那么令人难懂。如果去读那些难懂的解说文，游客就会在画前驻足许久，美术馆也会因此陷入混乱，这并非什么好事。如果能让这些解说文通俗易懂，美术馆的体验可能会让人更加舒服。所以，她才站在专业角度，用了"只有某些人才能做好某些事"这样的表达。

要说专业知识，教科书当然最为详细。一般而言，没有人的知识储量比教科书上的更大。

但是要实现"工作＆第二职业志向"，并不是向对方传达完美的知识，而是在你看来尚存残缺的地方，想办法做到更加理想，然后以你的经验和知识去想如何改变。也就是说，将上述视点、观念转化为商品。

第四节
将自己的经验加工成商品

想把自己的经验转化为书本来产生教育作用，这一期望也算是"播种"。如果自己在上班期间所学的技能可以做成书出版，当然是件高兴的事，而且如果是商业出版或做成影像，还能获得版税，就类似于我们前文说的"工作 & 投资志向"的生活方式。对此，我们不妨挑战用"早上 1 小时"将自己的知识推广给大家。

要想将自己的知识普及化、体系化，可以有以下 3 个步骤：

（1）把自己的所有经验一股脑都想出来（包括个人工作经验）。

（2）思考自己的经验能否帮助遇到困惑的人。

（3）把自己的经验传输出去后，听一听周围的反应。

接下来我们按照顺序来说。

1. 把自己的所有经验一股脑都想出来
（包括个人工作经验）

成功经验自不必说，就是自己的失败经历或自我反思等，也都可以详细地写出来。

这里的关键，不单是工作经验，就连个人其他方面的经验也包含在内。这是因为，工作方面取得的成果往往与个人特质密切相关，而工作与个人特质更是无论如何也剪不断的关系。如果将工作与个人特质分裂开来考虑，那么思想就会陷入歧途。因此，一定要将其联系起来自由发挥。

2. 思考自己的经验能否帮助遇到困惑的人

某些人是否有这样那样的烦恼？对此，我的经验是否可以帮助他们？针对这些问题，可以先把自己的思考分条列出。

以我自己专用的《早起手账》为例：

- 想早起却起不来。

- 想拥有自己的自由时间却无法获得。

- 读了有关早起的书后也曾干劲十足，但坚持不了 3 天以上。

- 没办法早起，自己也讨厌自己。

对于这些烦恼，利用自己的经验、技术做成手账，或者让这些通过图解来整理，或者利用流程模板，或者化消极为积极来改变自己。

3. 把自己的经验传输出去后，听一听周围人的反应

如果想早起而起不来的情况可以通过我自己曾经使用的专用手账来解决问题，那么就可以策划将这种专用手账做成《早起手账》，然后就可以沟通出版社出版。我的《早起手账》在 2010 年出售的时候，在网上获得了大量反响，最初的印刷本竟然在门店全部售罄，于是出版社于次年 2 月再次推出新版本，至今已畅销 10 年。

第五节
打破规则和框架

无论是工作 & 工作志向、工作 & 个人志向、工作 & 第二职业志向、工作 & 投资志向中的哪一种，发现当前工作中不合理的地方时，提高工作效率是我们面临的共同问题。作为"早上1小时"的"播种"之一，其实也是敢于怀疑规则的一种时间计划。

此前，我参加过针对某企业的部长进行培训的提案会，会议的发言人员有十几名女性管理岗候选人。我对她们如何在事前准备提案、收集数据等进行了个别指导，1个月后，让她们自己设计提案，然后向事业部长进行汇报。

每位发言人员的提议都梳理得当甚至完美无缺。但是略感遗憾的是，这些完美无缺的部分，缺少一些应有的趣味。事前我和她们中的某些人聊天的时候，觉得她们的观点充满活力，但是为什么发言时出现这样的问题？带着这种疑惑，我了解了事情的原委，方才得知她们没有找到支撑她们观点的必要数据，最终只是发表了有数据支撑的东西。

公司的涉外公开提案如果存在"还不妥当"等问题，这样的提案显然就是失败的。不过，我告诉她们我们的训练是以观点的发表为目的，即使有些数据没有收集，但也应该充满自信和活力。也就是说，我希望让她们表现出一种气势：虽然数据收集得不是很充分，但是我觉得这个观点很不错，而不是不断感叹"太遗憾了"。

话虽如此，但是此前我确实没有向她们说得那么详细。为了说服大家，有时候我也会强调数据的重要性，并且让大家反思自己的不足。

总之，"这是规则"这句话，不知让人放弃了多少美好的思考。比如，不假思索地按规则办事，就不会被任何人说三道四。

"确实是个好提案，但是一旦按照规则办就没法操作，于是不得已退而求其次进行更改"，可以说这样的事情与公司发展的愿景背道而驰。在这种情况下，自己坚信的好提案化为泡影。也就是说，目的和手段出现了颠倒。

如果觉得"这是规则"，所以就"那么规定"，那么在做事的时候就会将规则视为不可更改的东西而瞻前顾后，就会止步不前，不敢怀疑规则为何如此制定。

如果过于坚守规则，思考就会限定在固有的框架中而不能自拔。如果将那些可以调整的规则视为不可动摇的东西，那么大脑中活跃的思想就会逐渐丢失。

如果你的思想观点活力新颖、前所未有，或者有违规则，请不要轻易放弃，要敢于将自己的理念毫不犹豫地提出来。我们不妨使用"早上1小时"中的方法，迈开属于自我未来的第一步。

第七章

制订你的早起方案

第一节
早起的心理准备

至此，我们已经介绍了通过"早上 1 小时"来制订计划，改变人生的基本方法。但是，也可能依旧有人觉得早起很痛苦，腾不出"早上 1 小时"。对此，有必要说明一下如何创造"早上 1 小时"。

那些担心早上能否顺利早起的人，通过本章的实践就能够掌握早起生活时间表。

早起不是目的而是手段

有的人总是习惯于说"今年我一定要早起"而不能坚持

到底。在他们的头脑中有一种根深蒂固的意识，认为早起必须要有强烈的意志和决定，或者自己想想可以，但总做不到，今后还要努力。

我以前请教过行动科学方面的专家，结论是：运动、学习以及其他相关行为仅仅依靠意志和干劲来支撑的人大约只有 2%。那种仅凭干劲的人，往往爆发力只有一瞬间。因此，如何释放干劲，就成了生活中的大学问。

此外，我还想告诉大家，一定不能减少睡眠时间。也就是说，为了早起而不得不减少睡眠时间的做法是不可取的。最近我听说有人每天只睡 4 个小时，但还想起得更早，这简直不可思议。

减少睡眠时间，会使大脑昏昏沉沉效率低下，制订工作计划的时候也容易出现错误。因此，不要减少睡眠时间，而应思考如何安排早上的时间表。

我经常劝大家把早起看成是留学，希望让大家觉得自己来到了时差 1 小时的国外，从而促使大家养成早起的好习惯。

将早起看成目的，就会和自己的志向背道而驰。只有依据自己的志向来决定减少什么、放弃什么，我们的时间使用才会变得有意义。比如，某人经过无数尝试，觉得自己还是晚上能够静下心来，那么就按照晚上的作息重点来确定早上的家务时间，这样的"播种"当然完全没有问题。

在此，我给大家讲一个 35 岁、喜欢晚上静心工作的"工作 & 工作志向"型人员的作息时间表。这个主妇有一个 3 岁半的女儿和一个 8 个月的儿子，但在工作方面也非常重视成果产出。她的取舍规则基本如下：

有一个 3 岁半的女儿和一个 8 个月的儿子，35 岁主妇作息表

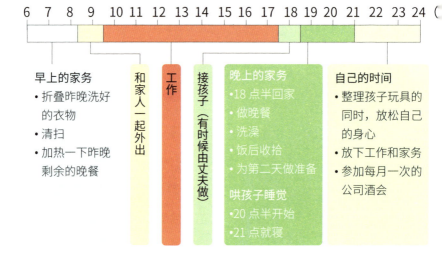

| 6 7 8 9 10 11 12 13 14 15 16 17 18 19 20 21 22 23 24 |

早上的家务
• 折叠昨晚洗好的衣物
• 清扫
• 加热一下昨晚剩余的晚餐

和家人一起外出

工作

接孩子（有时候由丈夫做）

晚上的家务
• 18 点半回家
• 做晚餐
• 洗澡
• 饭后收拾
• 为第二天做准备

哄孩子睡觉
• 20 点半开始
• 21 点就寝

自己的时间
• 整理孩子玩具的同时，放松自己的身心
• 放下工作和家务
• 参加每月一次的公司酒会

（1）喜欢在晚上一个人的时间安心规划，因此她喜欢晚上把家务安排妥当，并将其视为"播种"时间。

（2）早上只是折叠洗好的衣物，进行简单的扫除，做一些简单的饭菜。

（3）不愿浪费上下班通勤时间，因此搬家到租金虽高但离单位近的地方，以此来节省时间。

（4）如果家务延续到 21 点之后，就会将家务也视为加班，直接停止下来。

（5）现阶段带孩子最优先的事就是区分吃饭和睡眠。即使房屋有点凌乱，但是考虑到良好的饮食与健康息息相关，因此特别忙的时候会先把清扫放在后面。

如此安排，以目的为导向，如何取舍就变得十分明确，不再迷茫。不迷茫，行动效率就会提高，也就会更好地安排自己的计划。

以睡的时间短为目的是愚蠢透顶

如前文所述，早起的目的不是要削减早上的睡眠时间，而是要规划好生活时间表。

研究证明，以睡的时间短为目的的做法，绝对不可取。神经科专业杂志《神经》在 2019 年 9 月发表了一项研究成果，表明即使睡眠时间短也不会犯困的人，其遗传基因已经被发现。

按照这一说法，被称为 ADRE1 型的遗传基因突然发生变异，就会影响睡眠时间的变化，这种概率在 10 万人中大约有 4 个人。这一研究证明，缩短睡眠的相关训练和努力，其实就是浪费时间。也就是说，减少睡眠时间而导致生产效率和精力下降，是一种本末倒置的做法。

第二节
早起的 4 个步骤

为了确定好早上的时间表，规划好"早上 1 小时"，那么不妨尝试一下"立起"法则。

"立起"法则分为以下四步：

（1）睡觉：确保合适的睡眠时间。

（2）确定：按照志向，确定自己需要"播种"的东西。

（3）时间：为了保证"播种"时间，早上的计划要固定下来。

（4）坚持：即使失败，也不气馁。

接下来，我们一一说明。

1. 睡觉：确保合适的睡眠时间

虽然缩短睡眠时间不太可能，但是把握自己的睡眠习惯，找到自己最佳的睡眠状态则并非不可能。我曾经遇到一个10多年都想早起而没能早起的人向我诉说烦恼。可以说，现实中很少有人准确了解睡多长时间自己的状态才会更饱满。

其中，个体差异、每天的活动量、身体状况等，都会对此产生很大影响，但我们常常被媒体上那种模糊的宣传所影响，让自己难以适从。如果自己能够找到一些这方面的感觉，那么不妨一边探索一边检验是否正确。

就像减肥，摄取同样的能量有的人会变胖，有的人则不会，睡眠时间也会因人而异。首先，应该积极地掌握相关数据，了解适合自己的睡眠时间大概是多少，最少睡几个小时也能坚持到第二天工作结束，睡多长时间就算睡过头等。具体来说，可以按照以下方法来进行睡眠时间的检测。

我推荐用"90分钟×（4或5）+α（入睡时间）"这一公式，在一周时间内测试自己的适当睡眠时间。大体顺序如下：

①把握快速眼动睡眠（积极睡眠）和非快速眼动睡眠的节奏变化。

第一周内，以"90分钟 ×（4或5）+ 入睡时间（因人而异，一般为30分钟左右）"来增减睡眠时间，就可以找到自己注意力最集中、意识也不会出现朦胧的范围（合理睡眠时间）。比如，"7个半小时 +α"分别是周一、周二和周三，"6个半小时 +α"分别是周四、周五和周六，周日根据自己身体情况自行调整就可以。

②按照合理睡眠范围来调整睡眠时间

以第①部分所测量出的合理睡眠时间为基础，对自己的睡眠时间略作增减，就可以设定出自己的最佳睡眠时间和过剩睡眠时间。

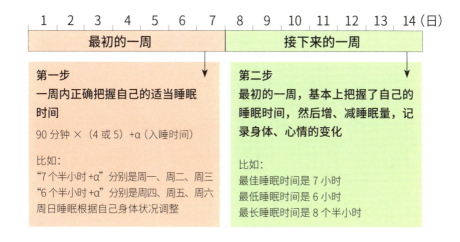

1　2　3　4　5　6　7　8　9　10　11　12　13　14（日）

| 最初的一周 | 接下来的一周 |

第一步
一周内正确把握自己的适当睡眠时间

90分钟 ×（4或5）+α（入睡时间）

比如：
"7个半小时 +α"分别是周一、周二、周三
"6个半小时 +α"分别是周四、周五、周六
周日睡眠根据自己身体状况调整

第二步
最初的一周，基本上把握了自己的睡眠时间，然后增、减睡眠量，记录身体、心情的变化

比如：
最佳睡眠时间是7小时
最低睡眠时间是6小时
最长睡眠时间是8个半小时

③运用记录表，观察睡眠时间和白天状态之间的关系

在睡眠调整期内，要用好记录表，比如有意识地记录自己的感觉如何、午后睡多久合适这些表现，就可以找到自己的最佳睡眠时间。

此外，在《早起手账》中，记录睡眠时间、起床时间导致身体变化的 5 个阶段，然后尝试对其进行有效利用。

顺便要补充的是，合理的睡眠时间、起床时间会因人生阶段的不同和志向的变化而发生变动，并非一次定位终身不变。

我自己就是根据不同的人生阶段来调整睡眠时间和起床时间的。

- 坚持早起，处在学习考试阶段的 19 岁前后
➡ 22 点睡觉，早上 5 点半起床，大约睡 7 个半小时。
- 坚持早起，为生活奔波的 24 岁前后
➡ 23 点睡觉，早上 5 点半起床，大约睡 6 个半小时。
- 从 30 岁左右到 40 岁期间
➡ 23 点睡觉，早上 4 点起床，大约睡 5 个小时。
- 怀孕期间

➡ 21 点睡觉，早上 4—5 点起床，大约睡 7—8 小时。（孕期易困，睡眠时间有所增加）

· 刚刚生完孩子之后

➡ 20 点半睡觉，早上 4 点起床，大约睡 7 个半小时。（刚生完孩子，睡眠会被搞得七零八碎，实际睡眠时间大概只有 6 个小时）

· 孩子 4 岁的时候

➡ 21—22 点睡觉（受孩子夜里睡眠、活动情况影响），早上 4—5 点起床，大约睡 7 个小时。

目前，我一边带小孩，一边践行并探索合适的作息规律。随着孩子一天天长大，我的作息时间也在变化。因此，要说习惯已经稳定，还为时尚早。即便如此，只要把握住"自己感觉睡多久就差不多"，那么此后的睡眠变化也不会很大，即使有变化，也会体会到变化带给我们的乐趣。大家不妨尝试一下我介绍的这种方法，认真搜集相关数据的变化。

2. 确定：按照志向，确定自己需要"播种"的东西

如果以"反正人生变化无常""先试试早起模式看看"这

样的借口欺骗自己，那将导致无法持续地规划好开展工作以前的早上时间。不管是什么情形，只有通过数字来预测其中的成功的可能性，然后按照具体的定义来对早上时间进行可持续性的规划才行。我将这个称为"すぐ法则"（立刻法则），"す"是日语"数字"的首音，"ぐ"则是日语"具体化"的首音。如果以"立刻法则"来定义成功，就能防止那种耽误一天还抱有"还算可以"或"已经不错啦"这样得过且过的态度。在认定了成功的基础上，就可以制定"播种"的时间。

如果将目标制定得太细，就容易导致手段和目的混淆；而制定得太粗，则不容易感到前进的动力，因此我建议大家学会分别制定大目标和小目标。如果有些事情让你觉得难以区分手段和目的，那么就要回过头来好好参照对于该问题的定义，而这个定义就应该放在容易看得到的手账上面。

属于工作＆工作志向，想在这个公司出人头地

【大目标】努力在下一年3月的人事考评中获得最高评价。

【小目标】一周内想出5个促进公司销售的企划案，在业务开始前就拿出方案。

属于工作 & 个人志向，想在个人兴趣方面持续发展

【大目标】明年 2 月跑完自己首次参加的全程马拉松。

【小目标】每周 3 次，每天早上在附近坚持跑 5 千米。

属于工作 & 第二职业志向，想做一些副业

【大目标】明年 4 月之前，找到有价值、可以增加收入的副业，并努力去经营。

【小目标】一边在公司做出点成绩，一边找一找身边正在做副业的人，一周找一个，在自己做副业之前充分调研。

属于工作 & 投资志向，除了工资之外，还想有些"不劳所得"

【大目标】3 年以内，获得工资收入外加 1 万元的收益所得。

【小目标】寻找周围和自己类似并投资成功的人，参考他们在不动产、股票、知识产权方面的经验，每周找一个人，阅读他们的书。

3. 时间：为了保证"播种"时间，早上的计划要固定下来

为了充分"播种"，确保"早上 1 小时"，就要做好规划，削减与此无关的多余时间，早上也就不会忙碌不堪。如此，早上的活动就会让人避免压力和粗糙感，最终形成流程化。这样一来，自己就会逐渐自律，而不会去找那些"今天差不多"或"还有一些做不了"之类的借口。

早起成为习惯之前有一段"痛苦修行"时期，因此很多人容易坠入得过且过式的窠臼。新习惯的养成，一般需要 10 天到两周时间，但是一旦养成，即使不用下什么决心，早起也像每天刷牙洗脸一样不断反复。同理，无须大脑思考，身体就自然地适应了提前早起的行动模式，起床时也就不会产生倦怠之情。在没有下意识的情况下准备早饭、做好早上计划等一旦成为哪个时间该做什么的固定节奏，就不会产生"判断疲劳"。

就像刷牙成为习惯之后不刷牙反而觉得不舒服一样，哪一天没有按照习惯了的模式做事，就会觉得有违和感。如果是这样的话，目的就达到了。之后，就是平平淡淡地按照计划推进。当然，一开始可能会在探索过程中出错，但只要找

到合适的轨迹，就会沿着这条轨迹集中精力向前。

　　具体而言，就是在"早上1小时"上多做"播种"，早上做计划时就不至于迷茫，相关事情也会水到渠成。大家可以参考上述讲到的大目标或小目标，然后决定自己的习惯方式。

　　如果早点做好工作计划，每周不同日子换上不同衣服，每天早上热好饭菜，在固定时间赶上始发列车的固定座位，回家之后能够定时就寝，换洗衣物在早上就完成……时间就会因此而缩短，效率也会因此而提高。

属于工作＆个人志向，喜欢跑步

　　每周日确认天气预报，每周定好日子进行3次外出跑步。为了早起跑步顺利，睡觉前就定好跑道。洗澡间早晨就备好衣服，便于跑步回家之后立即冲澡、换衣。

属于工作＆第二职业志向

　　为了扩大视野，每月参加一次投资会，这个投资会包含不同行业、年龄、身份的人。每周一次早起跑步或冥想，让自己一个人默默思考，让自己的思维不断成熟。剩下的时间整理所学到的真知灼见，思考是否活学活用。

属于工作＆投资志向

开始准备在不加班的情况下如何提高做事效率，以期实现时间和财务自由。在刚开始的 30 分钟阅读提高工作效率的书，回顾工作实际情况，为提高工作效率做准备；后 30 分钟学习本职以外的不动产或股票投资方面的知识。

4. 坚持：即使失败，也不气馁

任何事情，往往都可能与计划背道而驰。仅仅制订了一种对自己来说最理想的计划，当该计划不能顺利实现的时候，你就会深感失落，想要放弃坚持。

为此，我们还应该确定一个预备方案。对于从事那种时间不确定，或者忙时和闲时节奏差距很大的工作，尤其需要如此。

一旦确定好了预备方案，即使我们理想的计划没法实施，依然还有第二种甚至第三种方案等待支援。具备这种有备无患的意识，早上的工作计划才能一直坚持。为此，我们不妨设定一个"松竹梅"标识，然后按照每个标识来决定每天早上的事。

比如，我就是按照"松竹梅"标识，制定了以下的标准。

松：早上 4 点起，孩子睡到 6 点起（留给自己 2 小时）。

竹：早上 5 点起，孩子睡到 6 点起（留给自己 1 小时）。

梅：和孩子一样 6 点起，或者和孩子 4 点起（没有时间留给自己）。

此外，还可以按照上述标识来表示对应时间应该做的事。

松：一边看网上的视频，一边练腹肌、下蹲、化妆或者用手账写一天的计划。

竹：一边看网上的视频，一边练腹肌、下蹲、化妆。

梅：为孩子做早饭或者准备带孩子去幼儿园。

按照上述方式，决定什么时候该做什么，就不会经常感慨自己意志不坚，想做事但又无能为力。

当然，也可以思考非繁忙期的类似计划。

如果觉得因为繁忙所以没空制订计划，自己的执行力就会降低，但是如果一开始就确定好了繁忙期的日程表，今后也就会有据可依并照此执行，做起事来也能稳步推进。我也推荐大家按照冬季 / 夏季来区分，比如我们早上计划慢跑，有可能夏季心情愉快，冬季寒冷而影响行动，那就要按照季节制定"松竹梅"标识。

如果照此去做，我们在时间的使用上也会变得更加敏感。

在此基础上，如果有余力还可以比较两种时间使用方法，确定哪一个更为有效。

第一步：设计理想的时间

想着增加自己的时间时，仅仅努力争取为了9—17点干完工作，怎么才能不浪费时间，或者如何有效做好家务，就会在诸如"早点行动""同时推进"之类改善方法、效率的俗论下终止话题。

这些方法固然重要，但是依靠提速或提效所缩短的时间毕竟有限。实际上，如果不琢磨为什么需要在9—17点工作，自己真正可以集中的时间有几个小时，7—10点的3个小时如何能够创造出7个小时的成果，以及家务是不是必须要自己做，如果拜托他人或者使用比现在更好的电器代替是否可以，就不会找到自己真正的期望。

然后，借助158页的图，描绘出理想的时间表，就可以发现自己真正想做什么，自己的志向在哪里。

那么，制订一个让你会不由自主地去付诸行动的 1 天计划，它会让你心里想着"哇，如果实现这个目标，真是太高兴啦"。

这里的关键在于，在把握现状之前，就做好理想的时间计划。若非如此，就会被现状所束缚，因为现实与理想往往总有距离。自己应该以"觉得合适""喜欢"为优先选项，而非从"不这样的话如何如何""必须如何如何"出发。

所谓时间计划，并不是平日里 9—21 点上班，但理想是 9—17 点上班；理想的时间计划，也不是说现在的单位是 9—17 点工作，所以就从 9 点上班到 17 点下班。而是如果计划实现了，每天都是最好的。在这种情况下，即使早上 7—10 点工作 3 小时，关系也不大。这样的计划，要适当根据自己的喜好，自由地发挥。

不过，虽说是自由，但人是习惯的奴隶，最开始往往陷入惯性思维。即使想着在家里舒舒服服地远程工作就太好了，但实际上还是循例该怎么做就怎么做。对此，大家要敢于抛弃这样的固有意识。

即使是理想的时间计划，也不是说制订之后明天就马上付诸实施。但是，"仅仅工作 3 小时"即使明天不落实，也要弄清楚"仅仅工作 3 小时"的人到底有没有，这种计划怎

平常的理想时间

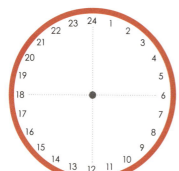

休息日的理想时间

工作日的理想时间

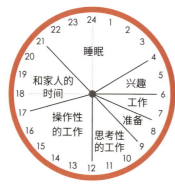

休息日的理想时间

　起床后的黄金1小时

么实现，然后才能立马落实。将"实际上不行"逐渐转变为"理想工作方式的一部分，也许就从明天开始"，这才是制订时间计划时所必要的手段。

绘制好理想时间计划，看到的不是"have to"（必须），而是"want"（想），也就是说，我们可以借此发现与我们将来息息相关的"播种"。有了"播种"，然后具体研究正在落实该计划之人就成为可能，下一步也就可能付诸实际行动。

下页图是此前我描绘的理想时间。这个时间表，不是与人沟通所得，而是自己一个人默默思考和实践的结果，也就是按照的我的"want"而做，而且至今，我也在一直使用。

第二步：调整现在的时间

设计好理想的时间后，就要着手把握现状到底如何。这里需要注意的是，我们要遵从描绘理想—把握现状，而非把握现状—描绘理想的顺序。如果颠倒，就会陷入"have to"的被动境地。

要说方法，首先要进行理想的预设，然后根据实际情况进行调整，对照预设了理想状态的自己与实际中还有欠缺的自己。我虽然推荐将这两种状态进行对比，但是在公司正在使用的那种预设管理软件中，不仅要输入预设理想，还要记录实际情况，这样才能充分活用基于理想与现实的管理方式。

一般来说，公司所使用的预设管理软件如下：

10:00—11:00 例会

12:00—13:00 午饭（某人 A）

这种是别人已经预设好的。在此基础上，按照 161 页图中的要点追加相关内容，明确自己什么时候做什么，而且需要花去多少时间，然后再进行检验。

9:00—9:15 查看邮件

9:15—9:30 接听来自某人 B 的电话

9:30—10:00 查看例会要讨论的问题

10:00—11:00 例会

（例会的详细分目）

10:00—10:05 确认议题

10:05—10:40 今后的应对

10:40—11:00 确定下次议题

11:00—11:30 完成例会议事录

11:30—12:00 完成报价单

12:00—13:00 午饭（某人 A）

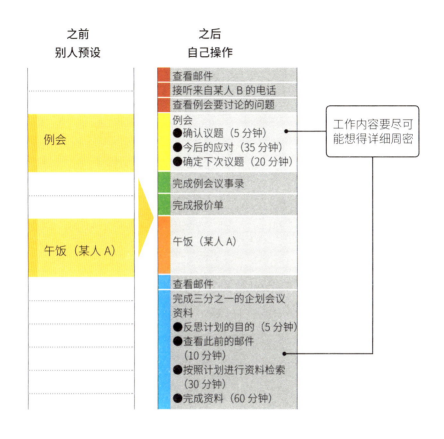

之前 别人预设	之后 自己操作
	查看邮件
	接听来自某人 B 的电话
	查看例会要讨论的问题
例会	例会 ●确认议题（5 分钟） ●今后的应对（35 分钟） ●确定下次议题（20 分钟）
	完成例会议事录
	完成报价单
午饭（某人 A）	午饭（某人 A）
	查看邮件
	完成三分之一的企划会议资料 ●反思计划的目的（5 分钟） ●查看此前的邮件 （10 分钟） ●按照计划进行资料检索 （30 分钟） ●完成资料（60 分钟）

工作内容要尽可能想得详细周密

13:00—13:30 查看邮件

13:30—16:00 完成三分之一的企划会议资料

看到这里，可能有很多人会觉得这些计划太过复杂。

是的，上面的计划确实过于麻烦。

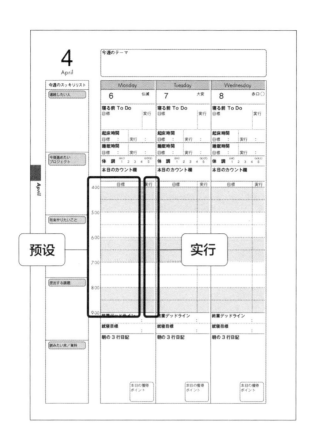

预设　实行

但是，大家不妨忍耐一下，只做一周的尝试，其效果必有保证。如此一来，自己做什么事情时花多长时间，自己的工作效率是低是高，便可清晰可见，也会产生成本意识。坚持一周之后，一份合适的工作计划表就会自然形成。如果这个工作表再加上内容，还会变得更复杂，因此还要进一步检测那时自己的工作时间。以此类推，如果下了这样的决心，甚至可以挑战到秒。

我在平时工作时，不会在做什么事情花多长时间上琢磨很多。只要在日程计划表上写好了实际情况如何，然后就能反思、验证、分析计划是否能够顺利实施，计划是否得当。这样，就相当于自己与自己面对面。

有的人可能不太理解为什么要加入自己的实际操作计划。要知道，预设事项并非人人一样。如果自己的计划只是共享别人的预设事项，那么自己在制订实际操作的计划时就容易疏忽大意。伤心的时候觉得可以找别人诉说，因此就会逐渐忽视自我问题的处理。如此一来，自己就难以判断真正想干什么。

正因为如此，在日程计划表上写好了实际情况如何，确保可供反思、验证、分析计划是否能够顺利实施。

推荐应用 "Toggi"

话虽如此，但是一一把握工作时间，确实非常麻烦。对此，我要推荐一个应用 "Toggi"。有了这个应用 "Toggi"，做什么事花多少时间就可以一目了然。在工作开始前，输入

"工作条目""项目名称"，从开始到按下停止键，都可以计算工作时间。熟练使用这样的方法，工作时间和消耗时间都可以实现可视化、高效化，这样既可以保证睡眠时间，也有利于促进坚持早起。

也可以用手账来代替

如果工作单位无法使用日程管理软件，也可以用手账来代替。比如在周计划手账正中，可以使用虚线标识，左边写上预设内容，右边写上实际实行的情况，这样就可以比较到底是否一切照计划进行，或者预设与实际到底相差多少，也可一览无余。我的《早起手账》，就是这样一个记录预设内容与实际情况的一件物品。

照此执行，即使预设内容与实际所用时间偏差较大，也不要灰心丧气。

挑战自己的"不能"，是件非常痛苦的时期。最重要的是，需要客观地认识自己。一开始可能觉得自己能做的很好，结果事与愿违而致使自己垂头丧气，但只要打定主意就会进入上游。也就是说，只要有"怎么做才能做好"的意识，未来就可以真正做好。

第三节
5 个早起小技巧

我们反复强调，要想早起就得充分保证睡眠时间。只是想方设法早起而晚上忍不住熬夜的人即使早上起来，也会感到痛苦和难受。为了早起而减少睡眠时间，就无法保证白天的工作精神，如此就是本末倒置。为了确保睡眠充足，晚上就要做各种相关准备。换言之，为了让"早上 1 小时"更充实，其秘诀在晚上如何过。

因工作而产生的加班、宴会等，往往会让自己的一些事不能按计划进行，但是要如期进行的工作又有很多。对此，我在这里总结几个早起小技巧，仅供参考。

1. 划好里程碑

所谓"里程碑",也就是指标。从睡眠时间倒着算,就会挑拣出睡前应该做的事。比如你定好 23 点必须睡,那么最晚也得 22 点洗澡,21 点半就得到家。以此类推,晚上的计划就定好了。

2. 入眠"催化剂"

为了更好入睡,就要有个放松的环境,也就是所谓的睡前"催化剂"。比如,我就喜欢在睡前戴上那种打开之后就会慢慢变热的舒适眼罩。戴上这种眼罩,心情就会变好,如此也会有助于睡眠。如果是夏季,大家不妨尝试那种清凉型的眼罩。

3. 当个酒会干事

酒会是在宽松的氛围中进行的,因此和周围的互动交流必不可少。不管你多么希望有点个人时间,但也无法控制交往的必要。这时,自己不妨毛遂自荐,担任酒会干事。

有的人觉得干事就是多干事,是个麻烦的角色,实际上干事的时间最为自由。自己主要在安排时间、选择环境上下功夫，至于酒会开始时间、是否举行二次酒会、举办地点等，都会顺势完成。当然，举办地点可以按照自己的意愿选择在自己家附近。

4. 聚餐时全席宴

主持聚餐时也有小技巧。为了让聚餐时间能够按照预想时间完成，我推荐全席宴会。如果是按照菜单点菜，只要不停地点，菜就不停地上，而全席宴大概只要 2 小时就可以上全，这样就不会过多浪费时间。

5. 休息日预约

很多人都希望在休息日好好放松，第二天便经常会睡到大中午。但是，如果睡得时间太长，反而对身体不好。如果睡到下午，休息日就算浪费完了，还让自己产生一种负罪感。为了防止这一问题，有效的做法就是周末预约。

美容室、牙科医院那种不允许迟到的地方，不妨将相关的预约放在一大早。早上的事情结束后，剩下的就是自由时间。休息日过得充实，也会让自己新的一周充满活力。

结 语

只要起床，就是一场胜利

通过本书我想告诉大家，工作管理并不是处理"必须要做的事"，而在于实现"想要做的事"。如果整日生活在忙碌之中，那么自己的心中所"想"，就会被慢慢抛之脑后。随之而来的是"必须如何如何"充斥一天，真正想做的事总被拖来拖去拖得无限远。

人生最大的痛苦，莫过于被自己无法把控的事情牵着鼻子走，以致长期处于被动状态。自己无法决定心中所"想"，因此总是半途而废，混沌迷茫。原本坚定无比的心声，却被忙碌冲刷得无影无踪。所以，"早上1小时"的本质，就是消除各类纷繁复杂，梳理不知所措的内心，让大家学会科学利用时间。

如果大家熟练掌握了"早上1小时"，你就会意识到目前的工作和每一点经验并不是为了谋生不得已而为之，而是为了使人生更加美好才来磨炼自己。一旦感受到自己作为主体可以创造自己的人生，就会肩负应有的责任，而不再觉得生命掌控在别人手中。我们的挑战之路也许并不顺利，但只要下定决心探索最适合自己的路，就会敢于沿着坎坷不断前进。

"早上1小时"可以让自己每天的价值观更为明确，让人生的优先顺序更为清晰。如果能据此养成集中精神的习惯，且不被因忙碌而感叹"差不多就行""想了也没用"等一再拖延，那么日积月累，自己就会从此前已经偏离的人生轨道重新返回正轨。

这本书已经告诉大家改变人生的方法。接下来就要看大家如何拿起"武器"，勇敢地挑战一下，因为打破现状的主动权握在你们手里。只要敢于改变意识，即使在调整中遇到某些挫折或失败，你们也会得到攀升，直至光辉的顶点。我衷心希望"早上1小时"能让大家重拾正确的价值观，畅享舒适每一天。

池田千惠

2020 年 4 月

图书在版编目（CIP）数据

起床后的黄金1小时 /（日）池田千惠著；范宏涛译
. — 北京：北京日报出版社，2021.1
ISBN 978-7-5477-3922-8

Ⅰ.①起… Ⅱ.①池… ②范… Ⅲ.①成功心理－通
俗读物 Ⅳ.①B848.4-49

中国版本图书馆CIP数据核字(2020)第269655号
著作权合同登记 图字：01-2020-7362号

"ASA 1JIKAN"DE SUBETEGA KAWARU MORNING ROUTINE by Chie Ikeda
Copyright © C. Ikeda 2020
All rights reserved.
Original Japanese edition published by Nippon Jitsugyo Publishing Co., Ltd.

Simplified Chinese translation copyright © 2021 by Beijing Zito Books Co., Ltd.
This Simplified Chinese edition published by arrangement with Nippon Jitsugyo
Publishing Co., Ltd., Tokyo, through HonnoKizuna, Inc., Tokyo, and Shinwon
Agency Co. Beijing Representative Office, Beijing

起床后的黄金1小时

责任编辑：史　琴
助理编辑：秦　姚
监　　制：黄　利　万　夏
特约编辑：曹莉丽　孙　建　贾　方
营销支持：曹莉丽
版权支持：王秀荣
装帧设计：紫图装帧
出版发行：北京日报出版社
地　　址：北京市东城区东单三条8-16号东方广场东配楼四层
邮　　编：100005
电　　话：发行部：(010) 65255876
　　　　　总编室：(010) 65252135
印　　刷：天津联城印刷有限公司
经　　销：各地新华书店
版　　次：2021年1月第1版
　　　　　2021年1月第1次印刷
开　　本：880毫米×1230毫米　1/32
印　　张：6
字　　数：96千字
定　　价：55.00元